შუა საუკუნეების ხელოვნება სამხრეთ კავკასიაში
და ევროპის რომანიკა

ედიტ ნოიბაუერი

შუა საუკუნეების ხელოვნება

სამხრეთ კავკასიაში და

ევროპის რომანიკა

Südkaukasiens mittelalterliche Kunst und
die Romanik Europas

© 2010 ედიტ ნოიბაუერი

პროდუქცია და გამომცემლობა: Books on Demand GmbH, Norderstedt

Printed in Germany

ISBN-13: 9783839134474

ილუსტრაციები გარეკანის პირველ გვერდზე:

მარცხნივ: სომხეთი, ახტამარი, ანგელოზის რელიეფი
   (915-921)
მარჯვნივ: საფრანგეთი, ტულუზა, წმ. სერნინი,
   ანგელოზის რელიეფი (11 საუკუნის ბოლო)

ილუსტრაციები: ედიტ ნოიბაუერის არქივი

შინაარსი

წინათქმა 7
დიმიტრი თუმანიშვილი, თბილისი

შესავალი 9
ედიტ ნოიბაუერი, ბერლინი

საქართველოს შუა საუკუნეების
ხელოვნების კვლევის ისტორიისთვის 13

მარიამის გამოსახულება
საქართველოსა და სომხეთის შუა
საუკუნეების ხელოვნებაში 45

შუა საუკუნეების ქართული
არქიტექტურა და ქანდაკება და
ევროპის რომანული პერიოდი 87

ლიტერატურა 117

5

წინათქმა

რამდენიმე წელიც და ნახევარი საუკუნე შესრულდება მას აქეთ, რაც ჩვენს ქვეყანაში ჩამოვიდა წინამდებარე სამი ნარკვევის დამწერი, პროფესორი ედიტ ნოიბაუერი და მას აქეთ ქართული კულტურისა და ქართველების, უპირველესად, ქართველი ხელოვნების ისტორიკოსების მეგობრად დარჩა. იმ წლებში, როცა ჩვენთვის არც ისე იოლი იყო დასავლეთში მოღვაწე კოლეგებთან ურთიერთობა, მან მრავალრიცხოვანი წიგნებისა და სტატიების გამოქვეყნებით, პირველ რიგში, გერმანელ მკითხველს გააცნო შუა საუკუნეების ქართული ხელოვნება, წარმოაჩინა მისი მნიშვნელობა ცენტრალური ევროპის რომანული ხელოვნებისათვის. წინამდებარე კრებული ეხება ხელოვნებათმცოდნეობის დარგში ერთობლივ სამეცნიერო მიღწევებსა და აზრთა გაცვლა-გამოცვლას, უწინარეს ყოვლისა, პროფესორ გიორგი ჩუბინაშვილთან და პროფესორ ვახტანგ ბერიძესთან. მასში ასახულია ღვთისმშობლის განსხვავებული გააზრება შუა საუკუნეების აღმოსავლეთისა

და დასავლეთის ეკლესიებში, და მესამე სტატიაში - ურთიერთობები აღმოსავლეთის ადრექრისტიანულ სამყაროსა და ცენტრალური ევროპის რომანულ ხელოვნებას შორის. მისი მოსაზრებები ამ კვლევით კომპლექსზე დღესაც ინარჩუნებს მნიშვნელობას შუა საუკუნეების მკვლევართათვის და შეინარჩუნებს მომავალშიც.

დიმიტრი თუმანიშვილი
პროფესორი, ხელოვნებათმცოდნეობის დოქტორი

გ. ჩუბინაშვილის სახ. ქართული ხელოვნების ისტორიისა და ძეგლთა დაცვის კვლევის ეროვნული ცენტრი

შესავალი

1962 წელს, როგორც ახალგაზრდა გერმანელი ხელოვნებათმცოდნე, პირველად ჩავედი საქართველოში ბერლინის მეცნიერებათა აკადემიის (გდრ) დავალებით. ამ მშვენიერი ქვეყნის ადრეული შუა საუკუნეების ხელოვნების გაცნობა ჩემი ბედის განმსაზღვრელი შეხვედრა გამოდგა. განსაკუთრებით მომხიბლა საქართველოს ადრეული შუა საუკუნეების ხუროთმოძღვრებამ თავისი ფასადების რელიეფური სკულპტურით. ჩემს აღტაცებას დასაბამი მისცა მცხეთის ჯვრის მონასტერმა და ამ აღტაცების შენარჩუნებას ხელს უწყობდნენ ქართული ხელოვნებათმცოდნეობის ნესტორი, გიორგი ჩუბინაშვილი და მისი საუცხოო თანამშრომელი რენე შმერლინგი. მოგვიანებით ვახტანგ ბერიძე მიწევდა აქტიურ დახმარებას შუა საუკუნეების ქართული ხელოვნების კვლევაში. საქართველოში საკვლევად 1962-89 წლებში ჩემი არაერთი მოგზაურობის დროს საინტერესო თანამოსაუბრეები და გულისხმიერი მეგზურები იყვნენ ნათელა ალადაშვილი და

მაღაქია დვაღიც. მადღიერებით ვიხსენებ ხოღმე ამ შეხვედრებს.

მკვღევრად და უმაღღესი სასწავღებღის პედაგოგად ოფიციაღურ მოღვაწეობასთან ჩემი 1990 წეღს გამოთხოვება არ ნიშნავდა საქართვეღოს შუა საუკუნეების ხეღოვნებისადმი ჩემს ინტერესზე უარის თქმას. 2007 წეღს გადავწყვიტე, გერმანუღ ენაზე გამომექვეყნებინა მომცრო კრებუღი სახეღწოდებით „შუა საუკუნეების ხეღოვნება სამხრეთ კავკასიაში და ევროპის რომანიკა“. ამ კრებუღში შევიდა სამი მოხსენება, რომღებიც ღონდონში (1993 წ.), ბონსა (1996 წ.) და ბერღინში (2006 წ.) წავიკითხე.

პირვეღი ესე იყო ნაშრომი შუა საუკუნეების ქართუღი ხეღოვნების დარგში გერმანეღი და ქართვეღი ხეღოვნებათმცოდნეების XX საუკუნის მეორე ნახევარში თანამშრომღობის ისტორიაზე. მეორე სტატია ეხებოდა აღმოსავღეთისა და დასავღეთის ეკღესიებში ღვთისმშობღის განსხვავებუღ ხედვასა და ამ ხედვის ასახვას ქრისტიანუღ ხეღოვნებაში. ბოღო სტატიაში კი შევაჯამე ჩემი ძირითადი მოსაზრებები და დასკვნები იმ მსგავსებაზე, რომეღიც სამხრეთ კავკასიის შუა

საუკუნეების ხუროთმოძღვრების ძეგლებსა და ცენტრალური და დასავლეთ ევროპის რომანულ ძეგლებს შორის შეინიშნება, რელიეფური სკულპტურების ჩათვლით. ჩემი შეფასებით, მნიშვნელოვანი ეპოქალური სტილისტური და შინაარსობრივი პროცესები საერთაშორისო მასშტაბით ვითარდება, თუმცა, სპეციფიკური რეგიონული მახასიათებლებით გამოირჩევა.

სასიამოვნო სიურპრიზი იყო, როცა 2008 წლის ზაფხულში თბილისში მიმიწვიეს, ჩემი დიდი მფარველისა და მეგობრის, ვახტანგ ბერიძის სახელობის ქართული ხელოვნების საერთაშორისო სიმპოზიუმში მონაწილეობის მისაღებად. ჩემი წვლილი ამ სიმპოზიუმზე იმაში მდგომარეობდა, რომ ინგლისურ ენაზე წავიკითხე ჩემი 2007 წელს გამოცემული წიგნის მესამე სტატიის გადამუშავებული და მნიშვნელოვნად შევსებული ვერსია.

სიმპოზიუმმა გამიძლიერა დიდი ხნის სურვილი, ქართულ ენაზე გადათარგმნილიყო ჩემი 2007 წელს გამოქვეყნებული კრებული, თუმცა, ერთი ცვლილებით: მესამე, 1993 წელს დაწერილ ესეს 2008 წელს თბილისში წაკითხული ახალი ვერსია ჩავანაცვლე. კრებულის გადათარგმნის გეგმის განსახორციელებლად,

რასაკვირველია, ქართველი მეგობრების დახმარება დამჭირდა. თარგმანის უდიდესი ნაწილი მანანა კუზმას ეკუთვნის. მესამე მოხსენება გადათარგმნა მანანა ფორჩხიძემ, რისთვისაც ძალიან მადლიერი ვარ. ქართული თარგმანის რედაქტირებისა და წინასიტყვაობის დაწერისთვის დიდ მადლობას მოვახსენებ დიმიტრი თუმანიშვილს. მნიშვნელოვანი მხარდაჭერა მივიღე მარიამ დიდებულიძის, მაკა დვალიშვილისა და ანა შანშიაშვილისაგან. კრებულის დასაბეჭდი ვარიანტის მომზადებაში დახმარება გამიწიეს, უწინარეს ყოვლისა, ჩემმა ქართველმა მეგობარმა მანანა კუზმამ, აგრეთვე ჩემმა გერმანელმა მეგობრებმა: პეტრა ნოიმანმა, კონრად ჰერმანმა და ბერნდ კოლდიცმა.

იმედი მაქვს, რომ ამ მომცრო კრებულს კეთილგანწყობითა და გულისყურით მოეკიდებიან ჩემი ქართველი კოლეგები და მეგობრები, ისევე როგორც ყველა სხვა დაინტერესებული პირი.

ედიტ ნოიბაუერი, ბერლინი

საქართველოს შუა საუკუნეების არქიტექტურის კვლევის ისტორიისთვის

საქართველოში შუა საუკუნეების მანძილზე შექმნილია ორიგინალური ხელწერითა და მაღალი მხატვრული ღირებულებით გამორჩეული ასობით საკულტო და საერო ნაგებობა. საკულტო ნაგებობები, ცენტრალური ევროპის თვალსაწიერიდან, განსაკუთრებულ ყურადღებას იმსახურებს ფორმებით, რომლებიც მოგვიანებით რომანიკისთვისაც იყო დამახასიათებელი. შუა საუკუნეების ეს მდიდარი მემკვიდრეობა საქართველოს დიდ კულტურულ პოტენციალზე მოწმობს.

გერმანულ-ქართულ სიმპოზიუმზე ჩემი მოხსენების ნაწილს გამოვიყენებ იმისთვის, რომ ვისაუბრო ხელოვნების ისტორიის სფეროში გერმანია-საქართველოს ურთიერთობაზე, რომელიც შუა საუკუნეების ქართული ხუროთმოძღვრების კვლევისაკენ იყო მიმართული. დავიწყებ ადრეული XX საუკუნით, კერძოდ 1918 წლით, რომელსაც უკავშირდება საქართველოს ხელოვნების კვლევის ორი მნიშვნელოვანი მოვლენა:

1. თბილისის უნივერსიტეტში შეიქმნა ხელოვნების ისტორიის კათედრა. კათედრის გამგედ დაინიშნა გიორგი ჩუბინაშვილი - 1885 წელს სანქტ-პეტერბურგში დაბადებული ქართველი მეცნიერი (ილ.1).

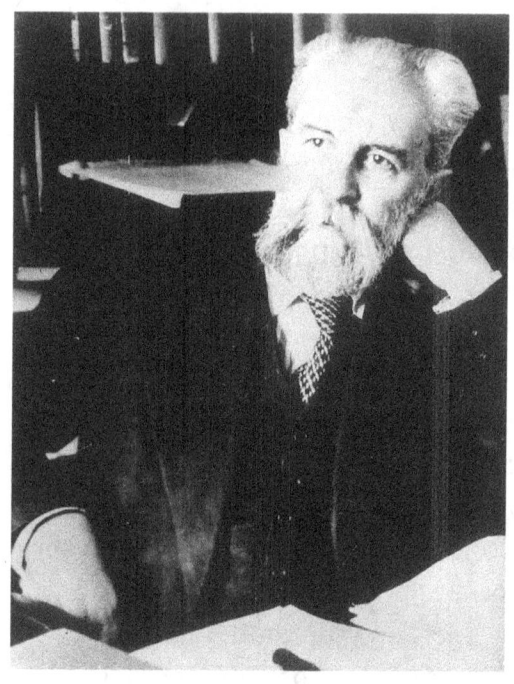

ილ.1: გიორგი ჩუბინაშვილი

ის მაშინ 33 წლის იყო, გერმანიაში ჰქონდა მიღებული საუნივერსიტეტო განათლება, იქვე

დაეცვა დისერტაცია და 1914 წლიდან მუშაობდა სანქტ-პეტერბურგში, აღმოსავლეთმცოდნეობის ფაკულტეტზე.

2. გამოიცა წიგნი, რომელსაც, ერთი შეხედვით, თითქოს ბევრი არაფერი ჰქონდა საერთო საქართველოსთან. საქმე ეხება სენსაციურ ორტომეულს, რომელიც 1918 წელს ვენის უნივერსიტეტში გამოსცა ვენელმა ხელოვნებათმცოდნე იოზეფ სტრიგოვსკიმ. ამ გამოცემის სახელწოდებაა "სომეხთა ხუროთმოძღვრება და ევროპა". ეს ორი ტომი მდიდარი ფაქტობრივი მასალის საფუძველზე აცნობს მკითხველს ზოგად ინფორმაციას შუა საუკუნეების სომხური ხუროთმოძღვრების შესახებ. მეტად მცირე ადგილი ეთმობა შუა საუკუნეების ქართულ ძეგლებს. როგორც ჩანს, სტრიგოვსკი არქიტექტურის სომეხ სპეციალისტ ტ.თორამანიანთან სტუმრობისას მხოლოდ ცოტა ხნით ეწვია საქართველოს.

სტრიგოვსკიზე იმდენად დიდი შთაბეჭდილება მოახდინა სომხურმა ხუროთმოძღვრებამ, რომ მას მიაკუთვნა წამყვანი როლი მთელი ადრექრისტიანული ხელოვნების განვითარებაში და თვით ბიზანტიური კულტურაც კი სომხურის "მოწაფედ"

წარმოადგინა. ეს იდეები დიდ წინსვლას მოასწავებდა, რამდენადაც ეს ნიშნავდა ზურგის შექცევას ევროპოცენტრიზმისადმი, ე.ი., კონცეფციისადმი, რომ ევროპაში ხელოვნების განვითარების ყველა პროცესი ბერძნული-რომაული ხელოვნებიდან მომდინარეობს. მაგრამ საბედისწერო იყო სტრიგოვსკის შეფასება შუა საუკუნეების ქართულ ხუროთმოძღვრებაზე, რომელიც მან, დამაკნინებლად, სომხურის განშტოებად წარმოადგინა. თითქოს ლოგიკური უნდა ყოფილიყო მოლოდინი, რომ პუბლიკაციას მოჰყვებოდა კომპეტენტური და საქმიანი კამათი სტრიგოვსკის დებულებათა გარშემო. მაგრამ იმის გამო, რომ მაშინდელი წამყვანი ევროპელი ხელოვნებათმცოდნეებიდან არავის უმოგზაურია იმ შორეულ რეგიონებში, სტრიგოვსკის შეფასებები თითქმის ყოველგვარი კრიტიკის გარეშე დარჩა. ერთადერთი მკვლევარი დაუპირისპირდა სტრიგოვსკის 1922 წელს ერთ-ერთ გერმანულ სამეცნიერო ჟურნალში გამოქვეყნებული მეტად მკაცრი კრიტიკით და ეს მკვლევარი იყო გიორგი ჩუბინაშვილი. მაგრამ მისი ხმა საკმარისი არ აღმოჩნდა შუა საუკუნეების

ქართულ ხუროთმოძღვრებაზე სტრიგოვსკის შეფასების შესასწორებლად.

გიორგი ჩუბინაშვილი 1907 წელს, 22 წლის ასაკში გაემგზავრა გერმანიაში ფილოსოფიის შესასწავლად. პირველი მსოფლიო ომის დაწყებამდე ჩუბინაშვილი ლაიფციგსა და ჰალეში, ცოტა ხანი მიუნხენშიც ცხოვრობდა, ისმენდა ფილოსოფიისა და ხელოვნებათმცოდნეობის ლექციებს. მიუნხენში ის გამოჩენილ გერმანელ ხელოვნებათმცოდნე ჰაინრიხ ვიოლფლინთან ეუფლებოდა ამ უკანასკნელის ნოვატორულ მეთოდებს, შემუშავებულს, ფორმის ანალიზის საფუძველზე, პერიოდიზაციის საკითხების გადასაჭრელად. საქმე ეხება მეთოდებს, რომლებიც ჩუბინაშვილმა მომდევნო ათწლეულების მანძილზე წარმატებით გამოიყენა შუა საუკუნეების ქართული არქიტექტურული ძეგლების დასათარიღებლად.

1914 წელს ჩუბინაშვილი პეტერბურგში დაბრუნდა. ის მუშაობდა აღმოსავლეთმცოდნეობის ფაკულტეტის საქართველო-სომხეთ-ირანის განყოფილებაში, რომელსაც მაშინ სათავეში ედგა სახელგანთქმული კავკასიოლოგი და

ენათმეცნიერი, ქუთაისში დაბადებული ნიკო მარი. ის, ძველი პეტერბურგული ტრადიციით, სიტყვით და საქმით ეხმარებოდა გერმანელი და ფრანგი მოგზაურებისა და მკვლევრების საქმიანობას კავკასიაში. სომხეთის ძველ დადაქალაქ ანში გათხრების დროს გიორგი ჩუბინაშვილი დაინტერესდა შუა საუკუნეების კავკასიური ხუროთმოძღვრებით. იმ პერიოდიდან მოყოლებული, ახალგაზრდა მკვლევარმა ხელი მიჰყო სამეცნიერო ექსპედიციების ჩატარებას საქართველოს მრავალ რეგიონში ძეგლების აღწერისა და აზომვის მიზნით და საზოგადოების წინაშე წარდგა შუა საუკუნეეების ქართულ ხუროთმოძღვრებაზე თავისი პირველი პუბლიკაციებით.

1934 წელს ჩუბინაშვილმა თბილისში გერმანულ ენაზე გამოსცა თავისი ნაშრომის “Untersuchungen zur Geschichte der Georgischen Baukunst. Die Kirche in Zromi und ihr Mosaik” მეორე ტომი. მას 1948 წელს რუსულ ენაზე მოჰყვა პირველი ტომი, "Памятники типа Джвари" ფრანგულენოვანი რეზიუმეთი. აუგსბურგის ბენო-ვილზერის გამომცემლობის 1929 წლის ერთ-ერთი პუბლიკაცია მოიცავს

ანონსს, რომ გამოსაცემად მზადდება ჩუბინაშვილის პირველი ტომი. მაგრამ ეს ტომი არ გამოქვეყნებულა. ბერლინის თავისუფალი უნივერსიტეტის თანამშრომელ ჰანს-იურგენ დრენგენბერგის ინიციატივას უნდა ვუმადლოდეთ, რომ 1994 წელს თბილისის ერთ-ერთ არქივში მიაკვლიეს ამ 65 წლის წინ დაწერილი ტექსტის გერმანულენოვანი სვეტების 200 გვერდს. არსებობს გეგმა, რომელიც ითვალისწინებს ამ ნაშრომის პოსტუმ გამოცემას გერმანიაში. /2/

ქართული ხელოვნების ისტორიის ინსტიტუტი 1941 წელს დაარსდა საქართველოს საბჭოთა სოციალისტური რესპუბლიკის მეცნიერებათა აკადემიასთან. დირექტორად გიორგი ჩუბინაშვილი დაინიშნა. ის გარდაცვალებამდე, 1973 წლამდე, ანუ 32 წლის მანძილზე უძღვებოდა ამ კვლევით ცენტრს. მის თანამშრომელთა შორის იყვნენ ცნობილი მეცნიერები, რომელთაგან შუა საუკუნეების მკვლევრებმა შმერლინგმა, ბერიძემ, მეფისაშვილმა და ცინცაძემ თავიანთი ქვეყნის ფარგლებს გარეთაც გაითქვეს სახელი.

მეორე მსოფლიო ომის შემდეგ დიდმა დრომ განვლო, ვიდრე ისევ გამოცოცხლდებოდა გერმანელ და ქართველ ხელოვნებათმცოდნეებს შორის 30-ანი წლების შემდეგ შეწყვეტილი ურთიერთობები. 1959 წელს გიორგი ჩუბინაშვილს, ლაიფციგის უნივერსიტეტის 500-წლიან იუბილესთან დაკავშირებით, დოქტორის საპატიო წოდება მიენიჭა. შესაბამისი განაცხადი შეიტანა ხელოვნებათმცოდნეობის კათედრის მაშინდელმა გამგემ, იოჰანეს იანმა. იანმა და ჩუბინაშვილმა, სავარაუდოდ, ჯერ კიდევ 1913 წელს გაიცნეს ერთმანეთი, როცა იანს ახალი დაწყებული ჰქონდა სწავლა ლაიფციგის უნივერსიტეტის ფილოსოფიის ფაკულტეტზე.

საქსონიასა და ტიურინგიაში რომანული ტიმპანებსა და პორტალის არქიტექტურაზე დაკვირვებიდან გამომდინარე, ინსპირირებული მოსკოველ არქიტექტორ სვეტლანა რეგამეს მითითებით ანალოგიურ ფორმებზე სომხეთსა და საქართველოში, 1962 წელს, ბერლინის მეცნიერებათა აკადემიის დავალებით, პირველად გავემგზავრე სომხეთსა და საქართველოში. მასპინძელ ქვეყნებში უაღრესად თბილად მიმიღეს. გიორგი

ჩუბინაშვილი გაიცანი საქართველოში მეორე მოგზაურობის დროს, 1965 წელს. თუ 50 წელიწადზე მეტი ხნით ადრე ქართველი ჩუბინაშვილი იყო გერმანელი ხელოვნებათმცოდნის, ჰაინრიხ ვიოლფლინის მოსწავლე, ახლა გდრ-ის წარმომადგენელი ახალგაზრდა ხელოვნებათმცოდნე შეუდგა სწავლას ქართული ხელოვნებათმცოდნეობის ნესტორთან, გიორგი ჩუბინაშვილთან. მასთან საუბრებმა და წერილმა, რომლითაც ჩუბინაშვილმა მომმართა 1966 წელს, დამანახა შუა საუკუნეების ქართული ხუროთმოძღვრების შესწავლის მთავარი ამოცანები:

1. ხუროთმოძღვრების დარგში სომხეთისა და საქართველოს თავისებურებების გამოკვლევა.
2. მცხეთის ჯვრის, როგორც აღმავლობის პირველი პერიოდის განსაკუთრებით მნიშვნელოვანი ძეგლის გამოყოფა.
3. სტრიგოვსკის პარადიგმული პუბლიკაციის გარშემო კრიტიკული დისკუსიის გაგრძელება.
4. შუა საუკუნეების ქართული ხუროთმოძღვრების გამოკვლევა სტერეოტიპებისაგან თავისუფალი, ზუსტი სამეცნიერო კრიტერიუმების საფუძველზე.

Tbilissi, 7.I.1966.

Sehr geehrte Frau Dr. Neubauer!

In Beantwortung Ihres Briefes vom 7.12.65, die ich bis heute vertagen mußte wegen einer byzantinischen Konferenz, die in Tbilissi abgehalten wurde, ist zu sagen, daß das Buch von Schaschwili vom Institut Ihnen überreicht und dies wohl aus Versehen nicht klar genug ausgedrückt war. – Daß nur ein ein georgischer Text beim Album georgischer Goldschmiedewerke vorhanden war, ist uns sehr unangenehm. Ich habe bereits angeordnet, daß jetzt ein oder mehrere anderssprachliche Texte abgesandt würden.

Die Datierung von Odsun ins 8.Jh. scheint mir begründet zu sein beim Vergleich mit Kirchen dieses Typs wie hl. Gajane, Kathedrale in Mren, Kirche des Täufers in Bagawan, die eine chronologische Reihe bilden, u.a. und andererseits bei Berücksichtigung der Mitteilung des armenischen Geschichtsschreibers des 13.Jhs Kirakos Gandsaketzi, der direkt als Bauherr der Kirche den Katholikos Armeniens Johann Odsnetzi (aus Odsun) mit dem Beinamen „der Philosoph"(717-728) nennt, der „in seinem Orte Odsun eine große Kirche" erbaut hatte. Es ist keine Veranlassung diese Angabe unberücksichtigt bei Seite zu schieben, da auch stilistische Momente darauf weisen; und der Bau selbst ist so einheitlich und aus einem Guß gebaut, daß man an keinen Umbau denken mag.

Was die Kirche von Mastara anlangt, so scheint mir ihre Erbauungszeit besser ins 9.Jh. angebracht zu sein, als das von anderen Forschern angenommene ins 7. Und zwar aus folgenden Gründen. Derselbe Bautypus wird nicht nur in Artix wiederholt (undatiert, aber in Vielem deutlich zeitlich spät), sondern auch noch in Woskepar (etwa gleichzeitig mit Mastara), in der Apostelkirche von Kars, die vom König der Provinz Kars Abbas (928-952) erbaut wurde und in der Gregorkirche des Klosters Karitsha (gegen 970). Es scheint mir geboten mit diesen beiden datierten Kirchen die übrigen durch ihre architektonischen Formen chronologisch zu verbinden. Die Ornamentmotive setzen sich zusammen aus althergebrachtem Gut und aus neuentworfenen und finden Parallelen in fest datierten Bauten wie Schirakawan vom Ende des 9. Jhs. Die Inschriften sind teilweise, wie die an der Süd= und Ostfassade in denselben Steinquadern mit den Ornamentstreifen zusammen geschnitzt (z. B. zu sehen Abb. 39 bei Strzygowski), aber auch an der Westfassade ist die Inschrift im weiten Rahmen angebracht (Abb. 256) mit demselben einheitlich komponiert.

Die von Ihnen vermerkte Schwierigkeit, die Denkmäler armenischer Baukunst chronologisch auseinanderzuhalten, ist in der Tat sehr groß. Ist aber unentbehrlich notwendig.

Von den Ihnen erwünschten Photos konnte ich nur die beigelegten Stücke auftreiben.

Wie Sie bemerken, bestehen viele Gemeinsamkeiten in der Bautätigkeit Georgiens und Armeniens, aber wichtiger ist es die nationalen Sonderheiten zu bestimmen, wie Sie an den Beispielen von Awan und Dshwari bemerkt haben. Strzygowski ist nicht allein in dem Verkennen der Originalität georgischer Baukunst schuld, aber immerhin ist sein großes Werk eigentlich die einzige Quelle, aus der man in der wissenschaftlichen Literatur Kenntnis schöpft (vgl. A. Grabar, S. Guyer, K. Thümmler u. a.)

Daher sehe ich Ihre Bemühungen in diesen Fragen mehr kritischer Einsicht zu vermitteln, als sehr erwünscht und nützlich.

Mit den besten Grüßen

Georg Tschubinaschwili

(გიორგი ჩუბინაშვილის წერილი ედიტ ნოიბაუერს, 1966 წლის 7 იანვარი)

თბილისი, 7.1.1966

პატივცემულო ქალბატონო ნოიბაუერ!

თქვენს მიერ გამოგზავნილ, 1965 წლის 7 დეკემბრით დათარიღებულ წერილზე საპასუხოდ, რისი გადადებაც დღემდე მომიხდა თბილისში ბიზანტინოლოგთა კონფერენციის გამო, უნდა აღინიშნოს, რომ გაბაშვილის წიგნი ინსტიტუტისაგან გადმოგეცათ და ეს, როგორც ჩანს, შეცდომით, საკმარისად ნათლად არ ითქვა. ძალიან ვწუხვართ იმის გამო, რომ ქართული ოქრომჭედლობის ნიმუშთა ალბომს მხოლოდ ქართული ტექსტი ახლდა. უკვე გავეცი დავალება ტექსტების კიდევ ერთ ან რამდენიმე სხვა ენაზე გაგზავნის შესახებ.

ოძუნის დათარიღება მე-8 საუკუნით დასაბუთებულად მიმაჩნია ამავე ტიპის სხვა ეკლესიებთან შედარების საფუძველზე. ვგულისხმობ წმ. გაიანეს, მრენის ტაძარს, ნათლისმცემლის ეკლესიას ბაგავანში, რომლებიც ქრონოლოგიურად მიჰყვება ერთმანეთს. ასე დათარიღება დასაბუთებულად მიმაჩნია მე-13 საუკუნის სომეხი მემატიანის, კირაკოს განძაკეცის მითითების

გამოც: ის ეკლესიის ქტიტორად პირდაპირ ასახელებს სომხეთის კათოლიკოს იოანე ოისნეცის (ოძუნელს), მეტსახელად “ფილოსოფოსს” (717-728), რომელმაც “თავის სამყოფელ ოძუნში დიდი ეკლესია ააგო”. არა გვაქვს რაიმე საფუძველი უგულებელვყოთ ეს მითითება, რადგან მის სასარგებლოდ მეტყველებს სტილისტური მახასიათებლებიც. ხოლო თვით ნაგებობა იმდენად ერთიანი და მონოლითურია, რომ ძნელი წარმოსადგენია, რეკონსტრუქცია ჰქოდნეს გამოვლილი.

რაც შეეხება მასთარის ეკლესიას, უფრო მართებულად მიმაჩნია, მისი აგების პერიოდი მივაკუთვნოთ IX საუკუნეს, და არა VII-ს, რომელსაც სხვა მკვლევრები ანიჭებენ უპირატესობას. კერძოდ, შემდეგი მიზეზების გამო: ამავე ტიპის ნაგებობა მეორდება არა მარტო არტიკში (დაუთარიღებელი, მაგრამ ბევრი ასპექტის გათვალისწინებით, უფრო გვიანი პერიოდის ძეგლი), არამედ ვოსკეპარშიც (დაახლოებით მასტარის თანადროულად), ყარსის მოციქულთა სახელობის ეკლესიაში, რომელიც ყარსის პროვინციის მეფე აბასმა ააგო (928-952) და ჰარიჭის მონასტრის წმინდა გრიგოლის ეკლესიაში

(დაახლოებით 970). მიზანშეწონილად მიმაჩნია, რომ ამ ორივე დათარიღებულ ეკლესიას დანარჩენები ქრონოლოგიურად დავუკავშიროთ მათი არქიტექტურული ფორმების გათვალისწინებით. ორნამენტული მოტივები განისაზღვრება წარსულის მემკვიდრეობითა და ახალი იდეებით და პარალელებს ჰპოვებს ზუსტად დათარიღებულ ძეგლებთან, როგორიც არის მე-9 საუკუნის მიწურულის შირაკავანი. წარწერები ნაწილობრივ ეწერება ერთიან კომპოზიციაში, როგორც სამხრეთ და აღმოსავლეთ ფასადებზე, სადაც ორნამენტულ მორთულობასთან ერთად ქვის სწორკუთხედებზეა ამოტვიფრული (მაგალითად გამოდგება ილ.39 სტრიგოვსკის ნაშრომიდან). მაგრამ დასავლეთის ფასადზეც არის წარწერა, მოთავსებული ფართო ჩარჩოში (ილ.256).

თქვენს მიერ აღნიშნული სირთულე, რომელიც სომხური ხუროთმოძღვრების ძეგლთა ქრონოლოგიის დადგენას უკავშირდება, მართლაც ძალიან დიდია, მაგრამ ეს მაინც აუცილებელია.

თქვენთვის სასურველი ფოტოებიდან მხოლოდ იმათი შოვნა შევძელი, რომლებიც თან დავურთე ამ წერილს.

როგორც თქვენ აღნიშნავთ, არქიტექტურულ ძეგლებს საქართველოსა და სომხეთში ბევრი რამ აქვთ საერთო, მაგრამ უფრო მნიშვნელოვანია იმ ეროვნული თავისებურებების დადგენა, რომლებიც ავანისა და ჯვრის მაგალითებზე შეამჩნიეთ. სტრიგოვსკი არ არის ერთადერთი, ვინც ვერ შეძლო ამოეცნო ქართული ხუროთმოძღვრების თვითმყოფადობა, სამაგიეროდ მაინც მისი დიდი ნაშრომია ის ერთადერთი წყარო, რომლითაც სამეცნიერო წრეებში სარგებლობენ (შეად. ა.გრაბარი, ს. გუიერი, ჰ.ტიუმლერი და სხვ.)

ამდენად, ძალიან სასურველად და სასარგებლოდ მიმაჩნია თქვენი სწრაფვა ამ საკითხების უფრო კრიტიკული ანალიზისკენ.

საუკეთესო მოკითხვით
გიორგი ჩუბინაშვილი

(გიორგი ჩუბინაშვილის წერილი ედიტ ნოიბაუერს, 1966 წლის 7 იანვარი)

როგორც წერილი ცხადჰყოფს, ამ პერიოდში ქართველი ხელოვნებათმცოდნეებისათვის შუა საუკუნეების ქართული ხუროთმოძღვრების თვითმყოფადობის საკითხები იმდენად პრიორიტეტული იყო, რომ უცხო გავლენათა რეცეპციის, ან შუა საუკუნეების ქართულ არქიტექტურასა და სხვა ქვეყნების ხუროთმოძღვრულ ძეგლებს შორის ურთიერთგავლენის პრობლემები, პრაქტიკულად, არ განიხილებოდა. მე კი, როგორც უცხოელს, აუცილებლად მიმაჩნდა საკითხის სწორედ ასე დასმა და საბოლოოდ, სწორედ ეს გახდა კიდეც ჩემი კვლევის მთავარი საგანი. ქართველი კოლეგები თავდაპირველად გარკვეულ თავშეკავებას იჩენდნენ ამ მიმართულებით ჩემი ძალისხმევის შეფასებისას, რადგანაც მასში ხედავდნენ თავიანთი ეროვნული მემკვიდრეობის დიდი მნიშვნელობის დაკნინების საფრთხეს.

ცენტრალური ევროპის ქვეყნების ხელოვნებათმცოდნეთა გაკვირვებამ იმ გარემოებით, რომ რომანული არქიტექტურის ფორმებს უფრო ადრეულ პერიოდში სამხრეთ კავკასიაში ვხვდებით, თეორიული ასახვა ჰპოვა 1967 წელს ავსტრიელ-გერმანელი

ხელოვნებათმცოდნის, ჰანს ზედლმაირის პუბლიკაციაში. ჰანს ზედლმაირი მრავალი წელი ედგა სათავეში ხელოვნების ისტორიის კათედრას ვენაში, მისთვის კარგად იყო ცნობილი სტრიგოვსკის იდეები. 1951 წლიდან ის მიუნხენში მოღვაწეობდა. პუბლიკაციაში "Östliche Romanik. Das Problem der Antizipation in der Baukunst Transkaukasiens" ზედლმაირი განიხილავს ქართული, სომხური და ცენტრალური ევროპის ხუროთმოძღვრების სტრუქტურულ პრობლემებს, სხვათა შორის ისე, რომ თავად არ უნახავს კავკასიური ხუროთმოძღვრების ძეგლები.

1970-იან წლებში ცენტრალურევროპელ, სომეხ და ქართველ ხელოვნებათმცოდნეებს შორის უფრო მჭიდრო სამეცნიერო კონტაქტები დამყარდა. საქართველოს რაც შეეხება, უწინარეს ყოვლისა ვახტანგ ბერიძე (ილ.2), ჩუბინაშვილის მემკვიდრე ქართული ხელოვნების ისტორიის ინსტიტუტის დირექტორის თანამდებობაზე, უწყობდა ხელს საერთაშორისო თანამშრომლობას და მრავალ უცხოელ კოლეგას ეხმარებოდა ადგილზე კვლევითი სამუშაოების ჩატარებისას. მას

შემდეგ, რაც 1976 წელს დოცენტად მიმიწვიეს ლაიფციგის კარლ მარქსის სახელობის

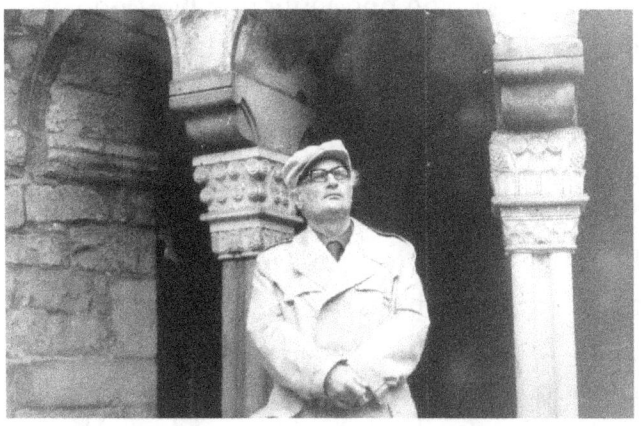

ილ.2: ვახტანგ ბერიძე

უნივერსიტეტში, განვაგრძე კვლევა შუა საუკუნეების ქართული ხელოვნების საკითხებზე და პროფესორი ვახტანგ ბერიძე და მისი ორი თანამშრომელი, ნათელა ალადაშვილი და რუსუდან ყენია, მივიწვიე ლაიფციგის უნივერსიტეტის ხელოვნებათმცოდნეობის ფაკულტეტზე საქართველოს შუა საუკუნეების ხელოვნებაზე ლექციების წასაკითხად. ამ ლექციებმა იმდენად დააინტერესა ორი სტუდენტი, მარიო

ტიტცე და ანდრეა დიტრიხი, რომ მათ 1987 წელს, 28 მარტიდან 16 აგვისტომდე, სასწავლო კურსი გაიარეს ქართული ხელოვნების ისტორიის ინსტიტუტში და წარმოადგინეს საკურსო ნამუშევრები ქართული ხელოვნებაზე. /4/

1976 წლიდან გერმანულ გამომცემლობებში საკმაოდ ხშირად ქვეყნდებოდა წიგნები ძველ ქართულ ხეროთმოძღვრებაზე. იტალიაში, უწინარეს ყოვლისა, ალპაგო-ნოველო მუშაობდა შუა საუკუნეების ქართულ ხუროთმოძღვრებაზე. კვლევაში მნიშვნელოვანი წვლილი აქვთ შეტანილი თავიანთი სტატიებით დაიხმანს, ლაფონტენ-დოსონს, ველმანსსა და სხვებს. უცხოელთა გააქტიურებამ შუა საუკუნეების ქართული ხუროთმოძღვრების კვლევის სფეროში იმდენად გააფართოვა ეს სფერო შუა საუკუნეების ევროპული ხუროთმოძღვრების კონტექსტით, რომ თავი იჩინა საერთაშორისო ფორუმის დაარსების საჭიროებამ.

1974 წლიდან ერთმანეთისაგან თითქმის სრულიად დამოუკიდებლად იმართებოდა საერთაშორისო სიმპოზიუმები სომხურ და ქართულ ხელოვნებაზე. ეს პროცესი დაიწყო საქართველომ იტალიის ქალაქ ბერგამოში ჩატარებული პირველი საერთაშორისო

კონფერენციით. მონაწილეთა წრე, თავდაპირველად, საკმაოდ მომცრო იყო. შემდეგ ყოველ სამ წელიწადში ერთხელ იმართებოდა სიმპოზიუმები უმეტესწილად თბილისსა და ერევანში - დღევანდელ დღემდე. რაც უნდა განსხვავებულად შეფასებულიყო ზოგი პრობლემა, ყველა აცნობიერებდა, რომ საქართველოს შუა საუკუნეებიდან შემორჩა მნიშვნელოვანი კულტურული მემკვიდრება, რომლის დაცვა და კვლევაც ღირსეულ საერთო ამოცანას წარმოადგენს.

სიმპოზიუმების ჩატარების შედეგად იმდენად გაუმჯობესდა შუა საუკუნეების ქართული ხუროთმოძღვრების შესახებ ცოდნის დონე, რომ შეუძლებელია მის თაობაზე დეტალურად საუბარი მოკლე რეფერატის ფორმატით. იხილეთ პუბლიკაციები, რომელთა ავტორებიც არიან ნოიბაუერი.- ბერიძე/ნოიბაუერი/ბაიერი.- მეფისაშვილი/ცინცაძე/შრადე.- ალპაგო-ნოველო/ჰიბში.- გინკი/ტომპოსი და ჟურნალი “გეორგიკა”./3/

მაგრამ კვლევის ზოგ განსაკუთრებულ პრობლემასა და შედეგზე მაინც შევჩერდები. ადრექრისტიანული ხუროთმოძღვრების სფეროში

აღმავლობის პირველი ხანა საქართველოში IV-VII საუკუნეებს მოიცავს. თავდაპირველად აგებდნენ დარბაზული ტიპის ეკლესიებს, ბაზილიკებს, სამეკლესიან ბაზილიკებსა და ცენტრულ ნაგებობებს. 1970 წელს ვახტანგ ცინცაძემ გათხრები აწარმოა სვეტიცხოვლის ტაძარში, რომელიც XI საუკუნის დასაწყისშია აგებული. მან მიაკვლია IV საუკუნის მცირე ზომის დარბაზულ ნაგებობას. ახალი კვლევები, რომლებიც გათხრებსა და სხვადასხვა წყაროს გულდასმით შესწავლას ეფუძნება, იძლევა დამაჯერებლ ინტერპრეტაციას, რომ ეს ნაგებობა უნდა მივიჩნიოთ დარბაზული ტიპის ქართული საცხოვრებელი სახლის ადრეულ მოდიფიკაციად. გათხრების დროს მიაკვლიეს მეორე ნაგებობის საძირკველსაც - საქმე ეხება V საუკუნის ქვის სამნავიან ბაზილიკას. საქართველოში ბაზილიკის ტიპის ეკლესიებს აშკარად აქვთ მსგავსება V-VI საუკუნეების მცირეაზიურ და ასირიულ ძეგლებთან, მაგრამ იმავდროულად გამოირჩევიან ეროვნული თავისებურებებით, კერძოდ:

1. ნაგებობა სამი საფეხურითაა ამაღლებული.

2. თაღების რიცხვი სამ-ოთხს არ აღემატება.
3. აშკარად იკვეთება ცენტრალიზაციის ტენდენცია.
4. გვერდითი ნავები აძლიერებს ჩრდილოეთ-სამხრეთის ღერძის შთაბეჭდილებას.
5. ტაძრის ჯვრისებრი გეგმის ბოძები და თაღები საქართველოში წარმოქმნილ სისტემას წარმოადგენს.
6. სამკაულად გამოყენებულია რელიეფური სკულპტურები. /5/

ბაზილიკის ერთ-ერთ საინტერესო ვარიანტს, რომელსაც მხოლოდ ადრეული შუა საუკუნეების საქართველოში აგებდნენ, ჩუბინაშვილმა "სამეკლესიანი ბაზილიკა" უწოდა. ეკლესიის კამაროვანი ნავები ღია თაღედებით კი არა, არამედ მასიურ კედლებში დატანებული ვიწრო კამარებითაა ერთი მეორესთან დაკავშირებული. უმრავლესად ამ ეკლესიების ნავებს დასავლეთით განლაგებული, ხშირად ორსართულიანი პატრონიკე აკავშირებს (ზეგანი, ამბარა). ამ თავისებური ხუროთმოძღვრული ფორმის გამოძახილი შეიძლება ვნახოთ გურჯაანის ეკლესიაში

(კახეთი), რომლის გართულებული გეგმა VIII-IX სს-ის გარდამავალ ხანას მიეკუთვნება. საყურადღებოა ერნსტ ბადშტიუბნერის გამოკვლევა, რომელშიც ნაჩვენებია შესაძლო ურთიერთკავშირი ქართულ სამეკლესიან ბაზილიკასა და საფრანგეთში მდებარე კლუნი II-ის აღმოსავლეთ ნაგებობას შორის. /6/

ბაზილიკის ტიპის ნაგებობების შექმნის პერიოდში საქართველოში ცენტრული ნაგებობებიც შენდებოდა. ამ ტიპის ყველაზე უფრო ლამაზი და ცნობილი ძეგლია ჯვრის ეკლესია მცხეთაში (586-605) (ილ.3).

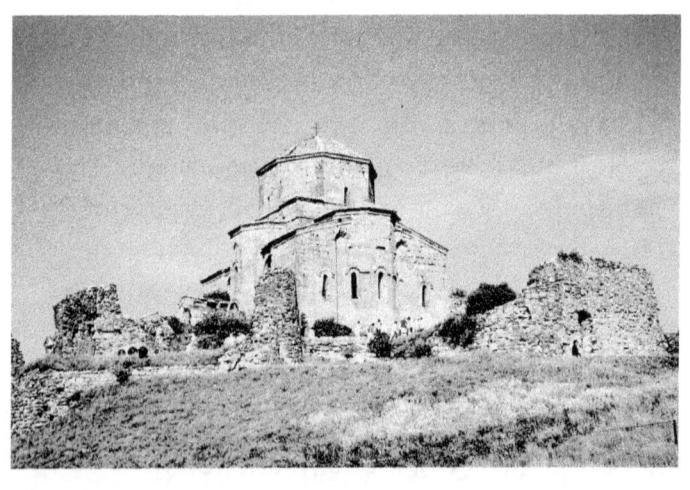

ილ.3: საქართველო, მცხეთა, ჯვრის ეკლესია

ჩუბინაშვილის ზემოხსენებული მონოგრაფია,
მიძღვნილი ჯვრის ეკლესიის ტიპის

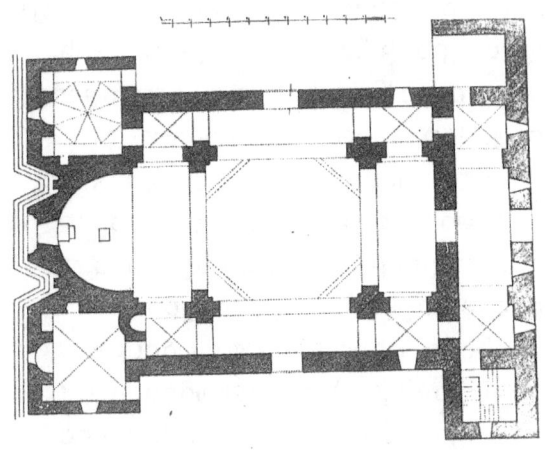

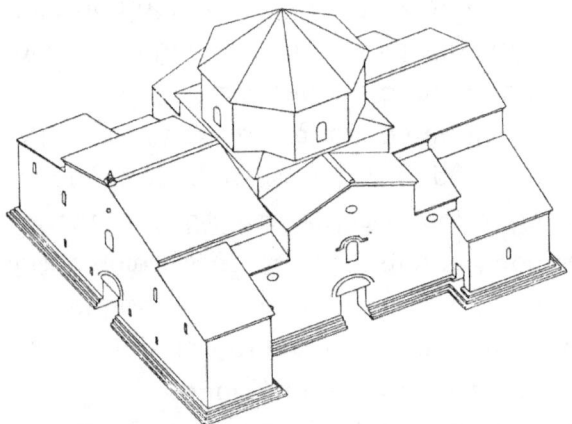

ილ. 4: საქართველო, წრომის მაცხოვრის ეკლესია,
626-634, გეგმა და რეკონსტრუქცია

ძეგლებისადმი, ასახავს განვითარების პროცესს, რომელიც იწყება მარტივი ფორმებით და აღწევს გაცილებით უფრო მაღალ საფეხურს, რის საფუძველზეც ნაგებობის ეს ორიგინალური ტიპი შეგვიძლია მივიჩნიოთ დამოუკიდებელ ქართულ ტიპად და არა ბიზანტიური ოქტაგონალური ეკლესიის ერთ-ერთ რეგიონულ ფორმად. ჯვრის ხუროთმოძღვრული ტიპის გარშემო, რომელიც სომხეთში ავანისა და ეჩმიაძინის რიფსიმეს ეკლესიებით არის წარმოდგენილი, ცხარე კამათი დაიწყო იმასთან დაკავშირებით, თუ რომელია უფრო ადრეული ძეგლი. მაგრამ ამ ტიპის ყველა სომხური და ქართული ეკლესიის აგების წლები ერთმანეთს მჭიდროდ არის მიყოლებული, თან ორივე ქვეყანაში ერთნაირად დიდია განადგურებული ძეგლების რიცხვი, ორივეგან ერთნაირად მძიმეა ვითარება წყაროების მხრივაც. ამის შედეგად, ფაქტებზე მეტი ჰიპოთეზა გვაქვს. ადრეული პერიოდის კიდევ ერთი მნიშვნელოვანი ძეგლია მაცხოვრის ეკლესია წრომში (626-634) (ილ.4). მას ეძღვნება გიორგი ჩუბინაშვილის ზემოხსენებული მონოგრაფიული გამოკვლევა. ერნსტ ბადშტიუბნერმა და ედიტ ნოიბაუერმა

ის 1990-1991 წლებში დამატებით გამოკვლევით შეავსეს ჟურნალ "გეორგიკაში". /7/ ეს ეკლესია ოთხი თავისუფლად მდგომი ბოძით მოფარგლული კვადრატული გუმბათური სივრცის უადრესი შემორჩენილი ნიმუშია. მას "ჩაწერილ ჯვარს" და ანდა "კვადრატში მოქცეულ ჯვარსაც" უწოდებდნენ. ამგვარი სამშენებლო გამოცდილება დღეს ბიზანტიური ჯვარ-გუმბათოვანი ეკლესიის ერთ-ერთ ძირადაა მიჩნეული.

შუა საუკუნეების ქართულ ხუროთმოძღვრებაში აღორძინების მეორე პერიოდის საილუსტრაციოდ სამ დიდ ტაძარზე მივუთითებთ: ესენია მცხეთის სვეტიცხოველი (1010-1029) (ილ.5), ქუთაისის ბაგრატი (X-XI საუკ.) და ალავერდი (XI საუკ. I ნახევარი). მათ მოჰყვება ნიკორწმინდისა და სამთავისის ცნობილი ტაძრები, რომელთა დახვეწილი რელიეფური სკულპტურებიც მონუმენტური კედლის სკულპტურისაკენ მიმართული ზოგადი ტენდენციის არსებობაზე მოწმობს.

ხუროთმოძღვრების ცალკე განშტოებებია კლდეში ნაკვეთი და გამოქვაბული კომპლექსები (უფლისციხე, ვარძია, დავით გარეჯა), საერო ხუროთმოძღვრება (ნარიყალას

ციხე-სიმაგრე თბილისში, ხერთვისი) და მთიანეთის არქიტექტურა (სვანეთი, ხევსურეთი, ყაზბეგის რეგიონი).

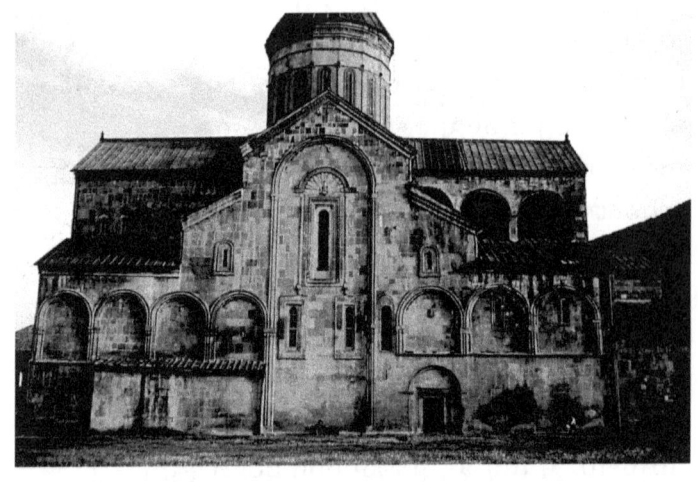

ილ.5: საქართველო, მცხეთა, სვეტიცხოველი, 1010-1029

არქიტექტურის ყველა ამ განშტოებას, სტილისტური თვალსაზრისით, ბევრი არაფერი აქვს საერთო სამეფო და სატაძრო საკულტო ხუროთმოძღვრებასთან, თუმცა მათზე არანაკლებ საინტერესო და დიდებულია.

კვლევის პროცესს დიდად შეუწყო ხელი რეგიონული მასშტაბით ჩატარებულმა სამუშაოებმა. ვგულისხმობთ არქიტექტურულ

ლანდშაფტებს, უწინარეს ყოვლისა კახეთს, სამცხეს, აფხაზეთსა და მთის რეგიონებს. მათი გამოკვლევა ჩვენს ხედვას შუა საუკუნეების ქართული ხუროთმოძღვრების იმ მახასიათებლებით ამდიდრებს, რომელთაც გეოგრაფიული და გეოლოგიური თავისებურებები განაპირობებდა. 1995 წელს ვოლფგანგ ფოიერშტაინმა ბერლინის გერმანულ-ქართულ საზოგადოებაში წაიკითხა მოხსენება ჩრდილო-აღმოსავლეთ თურქეთში მდებარე ქართული ძეგლების შესახებ. დასავლეთგერმანელ, ავსტრიელ და იტალიელ კოლეგებს იმთავითვე გადამწყვეტი მნიშვნელობის წვლილი მიუძღოდათ ისეთ რეგიონებში მდებარე სომხური და ქართული არქიტექტურული ძეგლების გამოკვლევაში, რომლებიც, პოლიტიკური მიზეზებით, მიუვალი იყო ჩვენთვის, აღმოსავლეთგერმანელი და საბჭოთა კოლეგებისთვის. აქ დავასახელებ მხოლოდ ავსტრიელი ბრუნო ბაუმგარტნერისა და შტუტგარტელი ფრანკ ტაიხმანის მნიშვნელოვან ნაშრომებს. ამავე ტრადიციის გამგრძელებელია ვოლფგანგ ფოიერშტაინი. მისმა მოხსენებამ ბერლინის გერმანულ-ქართულ საზოგადოებაში კიდევ ერთხელ

ცხადჰყო, რამდენ ენთუზიაზმსა და ძალისხმევას საჭიროებს ასეთი კვლევა. უწინარეს ყოვლისა, მთიან რეგიონებში ძალიან ხშირად გიწევს ლამის დაუჯერებელი სირთულეების გადალახვა.

1960-ანი წლებიდან უფრო ინტენსიურად მიმდინარეობს საზღვარგარეთ - ისრაელში, სირიაში, საბერძნეთსა და ბულგარეთში - მდებარე ქართული ხუროთმოძღვრების ძეგლთა კვლევა (ჯობაძე, კიუნელი). მაგალითად, გუსტავ კიუნელმა 1995 წელს ბერლინის გერმანულ-ქართულ საზოგადოებაში წარმოადგინა მოხსენება იერუსალიმის ჯვრის მონასტერზე "Nationalheiligtum der Georgier im Heiligen Land. Die Geschichte des Kreuzes und das Kreuzkloster in Jerusalem".

ამჟამინდელი პერიოდი ხასიათდება მისწრაფებით, რომ შუა საუკუნეების ქართული ხუროთმოძღვრება ყველა ასპექტით იქნეს გამოკვლეული.

/1/ ჩუბინაშვილი, გ.: Die christliche Kunst im Kaukasus und ihr Verhältnis zur allgemeinen Kunstgeschichte (Eine kritische Würdigung von Strzygowskis "Die Baukunst der Armenier und

Europa"). ყოველთვიურ გამოცემაში: Monatshefte für Kunstwissenschaft 15, 1922, გვ. 217-237

/2/ ბერლინის ქართული საზოგადოების ცნობის ფურცელი 1995, დამატებითი კრებული

/3/ გინკი, მ. და ტომპოსი, ე.: Georgien. ჰანაუ/მაინი 1975; ნოიბაუერი, ე.: Altgeorgische Baukunst. ლაიფციგი, ვენა, მიუნხენი 1976; მეფისაშვილი, რ., ცინცაძე, ვ. და შრადე,რ.: Die Kunst des alten Georgien. ლაიფციგი 1977; ალპაგო-ნოველო, ა., ჰიბში, ე.: Architecture géorgienne. Louvain-la-Neuve 1978; ბერიძე, ვ., ნოიბაუერი, ე. და ბაიერი, კ.გ.: Die Baukunst des Mittelalters in Georgien. ბერლინი, ვენა, მიუნხენი 1981

/4/ ტიტცე, მ.: Zur Frage der Rekonstruktion des Gründungsbaus von Sveti-Zkhoveli im 4. Jahrhundert. გეორგიკა (Georgica) 11, 1988, გვ. 67-69

/5/ ნოიბაუერი, ე.: Die kaukasische frühmittelalterliche Basilika. Regionale Sonderentwicklung in Armenien und Georgien. გეორგიკა (Georgica), 5, 1982, გვ. 78-82

/6/ ბადშტიუბნერი, ე.: Überlegungen zum Ursprung des dreischiffigen Presbyteriums an Klosterkirchen des benediktinischen Reformmönchtums (Ein Vergleich mit den Dreikirchen-Basiliken in Georgien). გეორგიკა (Georgica) 7, 1984, გვ. 77-81

/7/ ნოიბაუერი, ე. და ბადშტიუბნერი, ე.: Architektur und Bauplastik der Erlöserkirche in Zromi – Versuch einer kunstgeschichtlichen Einordnung. გეორგიკა (Georgica) 13/14, 1990/91, გვ. 115-125

მოხსენება, წაკითხული პირველ გერმანულ-ქართულ სიმპოზიუმზე "საქართველოს კულტურა - მასტაბილიზებელი ფაქტორი კრიზისით მოცულ კავკასიაში", 1996 წლის 15-16 ივნისი, ბონი.

მარიამის სახე შუა საუკუნეების ქართულ და სომხურ ხელოვნებაში

მარიამი, ქრისტესავით ის პიროვნებაა, რომელსაც, შუა საუკუნეებიდან მოყოლებული, ყველაზე ხშირად გამოსახავენ ქრისტიანულ ხელოვნებაში. მარიამის სახის ისე გაგება, როგორც მას შუა საუკუნეებში აღიქვამდნენ მორწმუნეები, მოითხოვს დასავლეთისა და აღმოსავლეთის ეკლესიებში ღვთისმშობლის მაშინდელი ხედვის ერთმანეთისგან განსხვავებულ რელიგიურ მნიშვნელობათა ცოდნას. რომაულ-კათოლიკურმა და ბერძნულ-მართლმადიდებლურმა, მონოფიზიტურმა და ნესტორიანულმა ეკლესიებმა ამ საკითხში მეტად განსხვავებული შეხედულებები შეიმუშავეს, რომლებიც თვალსაჩინოდ აისახება ქრისტიანულ ხელოვნებაში. ბიბლიის არც ერთი სხვა თემა არ წარმოაჩენს იკონოგრაფიის ეგზომ შეუთავსებად სხვაობებს. ჩემი აზრით, არსებრივად ეს შემდეგით განისაზღვრება: მარიამის ცხოვრებაზე იმდენად ცოტაა ცნობილი, რომ მისი ინტერპრეტაციისთვის ეკლესიების ფანტაზიას არაფერი ზღუდავდა.

ერთადერთ წყაროდ მარიამ ღვთისმშობლის შესახებ, რომელსაც ეკლესია აღიარებს, ახალი აღთქმის სახარებები ითვლება. ისინი მწირ და ხშირად ურთიერთსაწინააღმდეგო ინფორმაციას გვაწვდის. მათეს სახარებაში, რომელიც ჩვ.წ.აღ.-ით დაახლ. 90 წელს შეიქმნა და, ამგვარად, სახარებათაგან უძველესია, ვკითხულობთ: “დედა მისი მარიამ დანიშნული იყო იოსებზე, და მათ შეერთებამდე აღმოჩნდა, რომ მუცლად ეღო სული წმიდისგან”.

ლუკას სახარების გადმოცემით, მთავარანგელოზმა გაბრიელმა აუწყა მარიამს, რომ ძე ეყოლებოდა: “სული წმიდა გადმოვა შენზე, და უზენაესის ძალა მოგიჩრდილებს შენ”. ქრისტეს შობის შესახებ მხოლოდ ეს ორი სახარება გვაუწყებს. მათეს სახარებაში წერია: “აჰა, აღმოსავლეთით მოვიდნენ მოგვნი იერუსალემს, და თქვეს: სად არის იუდეველთა ახალშობილი მეფე? ვინაიდან ვიხილეთ მისი ვარსკვლავი აღმოსავლეთში და მოვედით, რათა თაყვანი ვცეთ მას”. მოგვთა რიცხვი არ სახელდება, მხოლოდ სამი ძღვენია ნახსენები: ოქრო, გუნდრუკი და მური. V საუკუნიდან სამ მოგვს სამ მეფედ წარმოსახავენ. VIII საუკუნეში მათ დასავლეთის ეკლესიაში

კასპარი, მელქიორი და ბალთაზარი დაერქმევათ. მხოლოდ XIV საუკუნეში იქნა გამოსახული ერთ-ერთი მეფე მავრად.

ქრისტეს შობიდან მეთორმეტე დღეს, ანუ 6 იანვარს, მოგვებმა ბეთლემში იპოვეს ღვთის ძე. ეს დღე აღმოსავლეთის ეკლესიაში IV საუკუნიდან აღინიშნება, როგორც ქრისტეს გამოცხადების დღე - ეპიფანია. დასავლეთის ეკლესიამ IV საუკუნის მიწურულს აღმოსავლეთიდან გადაიღო ეპიფანიის დღესასწაული, რომელსაც შუა საუკუნეებიდან "სამი მეფის დღესაც" უწოდებენ. დავუბრუნდეთ მარიამ ღვთისმშობლისადმი დამოკიდებულებას. ლუკას სახარება გვამცნობს, რომ იოსები გალილეიდან, ქალაქ ნაზარეთიდან ბეთლემში წავიდა და მისი დანიშნული, მარიამი ფეხმძიმედ იყო.

"და შობა ძე თვისი პირმშო, ჩვრებში შეახვია და ბაგაში ჩააწვინა ... და აჰა, უფლის ანგელოზი წარუდგა მათ ... და უთხრა ... დღეს დაიბადა თქვენი მაცხოვარი, რომელიც არის ქრისტე უფალი". ეს გახლავთ ეკლესიის მიერ აღიარებული ერთადერთი ლიტერატურული გარდამოცემა, რომელიც მარიამის შესახებ გვამცნობს. ახალი აღთქმის დანარჩენ

ტექსტებში, იქნება ეს მარკოზის სახარება, თუ პავლეს ეპისტოლენი, ქრისტეს შობა ნახსენები არ არის. დედა-შვილის ურთიერთდამოკიდებულებაზე ძალიან ცოტა თუ ვიცით. თავისი საქვეყნო მოღვაწეობის დროს იესო, როგორც მახარებელი ლუკა გვამცნობს, დედასთან გარკვეულ დისტანციას იცავს, არასოდეს მოიხსენიებს მას "დედად". ბიბლიაში ასეთ ფრაზასაც კი ვხვდებით: "რა მე და შენ, დედაკაცო?" იოანეს სახარების მიხედვით, ღვთისმშობელი მარიამი მისი ჯვარცმის მოწმე ხდება. რამდენი ხანი იცოცხლა მარიამმა და სად არის დაკრძალული, იერუსალიმსა თუ ეფესოში, წყაროებიდან დანამდვილებით არ ვიცით. მარიამის შესახებ ამგვარი, მეტად არასრული გარდამოცემის შედეგად, საუკუნეებმა განვლო, ვიდრე ღვთისმშობელს საერთოდ ასახვის ღირსად მიიჩნევდნენ. უბრალოდ, საამისო წყაროები იყო მეტისმეტად მწირი.

მარიამის ცხოვრების ამსახველ დანარჩენ გადმოცემებს, რომლებიც II საუკუნის აპოკრიფებსა და პირველსახარებებში მოიპოვება, მართალია, ეკლესია არ ცნობს, მაგრამ ისინი წყაროდ იქნა მოშველიებული

მხატვრული გამოსახულებების, მეტადრე შობის ხატების, ლეგენდისებრ ჩამონაკვთისას.

მარიამთან მიმართებით გარდატეხა V საუკუნეში მოხდა, როდესაც იმპერატორ თეოდოსიუს II-ის მიერ 431 წელს მოწვეულ III მსოფლიო საეკლესიო კრებაზე ეფესოში მას "თეოტოკოსის" საპატიო წოდებას ანიჭებენ. ეს სახელწოდება აღმოსავლეთის ეკლესიაში "ღვთისმშობელს" შეესაბამება. ამ საეკლესიო კრების შემდეგ აღმოსავლეთისა და დასავლეთის ეკლესიები მკვეთრად შორდებიან ერთმანეთს ღვთისმშობლის ინტერპრეტაციის თვალსაზრისით. თუმცა, ეს თეოლოგიური დავა, მცირეოდენ სიახლეებს თუ არ ჩავთვლით, ნაკლებად თუ აისახება მარიამ ღვთისმშობლის გამოსახულებების შექმნაში, რადგან მათ ქრისტიანობის პირველი ათასწლეულის განმავლობაში მეორეხარისხოვანი მნიშვნელობა ენიჭება. 1054 წლის დიდი განხეთქილება აღმოსავლეთის ეკლესიას საბოლოოდ ჩამოაცილებს დასავლეთისას. ეს ვითარება, ნაწილობრივი შეერთების არაერთი მცდელობის მიუხედავად, დღემდე არ შეცვლილა. აღმოსავლეთის ეკლესიას მიეკუთვნებიან, მაგ., ბიზანტიური, ქართული, სომხური,

რუსული, ეთიოპური და კოპტური ეკლესიები. 1054 წლიდან დასავლეთსა და აღმოსავლეთში ვითარდება ძირეულად განსხვავებული თეოლოგიური შეხედულებები, რომლებიც ძალას დღევანდლამდე ინარჩუნებს. ისინი მნიშვნელოვანწილად ღვთისმშობელს ეხება. ღვთისმშობლის სხვადასხვა გაგებას, თანდათან რომ გამოიკვეთა დასავლეთისა და აღმოსავლეთის ეკლესიებში, ორივე შემთხვევაში იმდენად მახვილგონივრული და რთული თეოლოგიური განმარტებები ახლავს, რომ მათი გათავისება ზოგჯერ ძალიან ძნელია. თეოლოგიისა და ხელოვნებათმცოდნეობის ცნობარებშიც კი გვხვდება წინააღმდეგობანი და უზუსტობები. ინტერპრეტაცია ზოგჯერ სუბიექტურია, თვით საქმის ვითარება უკიდურესად რთული. ინტერპრეტაციათა შეუთავსებლობა კულმინაციას, მართალია, XIX და XX საუკუნეებში აღწევს, მაგრამ იგი მრავალი საუკუნით უფრო ადრეა ჩასახული და ფესვებად ღვთისმშობლისადმი კათოლიკურ ეკლესიაში სულ უფრო მზარდი თაყვანისცემა აქვს. 1854 წელს კათოლიკურმა ეკლესიამ მარიამის უბიწო ჩასახვის დოგმატი (Maria Immaculata) გამოაცხადა. ამგვარად, მარიამი

უცოდველია თავისი ჩასახვის მომენტიდან. 1950 წელს რომის პაპმა "ექს კათედრა" გამოაცხადა მარიამის სულითა და ხორცით ამაღლების შესახებ (Maria Assunta). მაგრამ აღმოსავლეთის ეკლესია, შუა საუკუნეებში შემუშავებული გააზრების საფუძველზე, ორთავ ამ კათოლიკურ დოგმატს უარყოფს.

ძალიან თუ გავამარტივებთ, უმთავრესი შემდეგი განსხვავებებია, რომელთაც გამოსახულებებშიც ვადასტურებთ.

კათოლიკურ დასავლეთში განვითარებას ჰპოვებს მარიამის კულტი, რომელიც ღვთისმშობელს მისი ძის თანასწორად რაცხს. ორივე ერთნაირად არის პატივსადები და სათაყვანო. მარიამი არის ეკლესიის დედა, თანამაცხოვნებელი და მადლის მინიჭების შუამდგომელი. მაგალითად, აღმოსავლეთის ეკლესია არ იცნობს ღვთისმშობლის გვირგვინის კურთხევის გამოსახულებას. აღმოსავლეთის ეკლესიას უფრო ძლიერი კავშირი აქვს ადრექრისტიანულ ტრადიციებთან, მასში აქცენტირებულია რიტუალურადა და მუსიკალურად ფრიად გამონაკვთული ლიტურგია. აქ არ გამომუშავებულა სავალდებულო მოძღვრება

მარიამის შესახებ, რადგან, არსებითად, საქმე ეხება მუდამ იესოს - ერთადერთ თაყვანსაცემ პიროვნებას. მარიამს მხოლოდ პატივისცემა ეკუთვნის. პატივისდებასა და თაყვანისცემას აღმოსავლეთის ეკლესიაში ერთმანეთისგან მკაფიოდ განასხვავებენ. ყველაზე მნიშვნელოვანი ღვთიური ყრმის განკაცებაა ღვთისმშობელ მარიამის მეშვეობით. ამდენად, ღვთისმშობლის ავტონომიურ გამოსახულებათა არსებობა მხოლოდდამხოლოდ ქრისტეს თაყვანსაცემი ხატების გამოსახვას ემსახურება. შობის სცენის ყველა მოტივიც ახალშობილს შეასხამს ხოტბას. მთავარ შინაარსად რჩება ქრისტეს გამოცხადების სასწაული. "ღვთისმშობლის მიძინების" გავრცელებულ გამოსახულებაშიც კი პიროვნება, ვისაც ყოველივე მიემართება, მარიამის სულის მიმქმელი ქრისტეა. მარიამის ავტონომიური გამოსახულება, რომელიც მრავალი საუკუნეა გავრცელებული მთელს აღმოსავლეთ ეკლესიაში, იკონოგრაფიის თავისებურებებით მხოლოდ აღმოსავლეთის ქმნილებაა.

ავტონომიურ გამოსახულებებზე, როგორც წესი, ერთადერთ ფიგურას ვხედავთ. ისინი

თავდაპირველად წამებულთა პატივმიგებასთან კავშირში უნდა იყოს წარმოშობილი. გამონაკლისია ღვთისმშობლის ავტონომიური გამოსახულება, რადგან მასზე ორ ფიგურას ვხედავთ. ყრმა, სათაყვანო ძე-ღმერთი ვერ გამოისახებოდა ცალკე, ვინაიდან მხოლოდ დედასთან კავშირით ცხადიყოფა მისი განკაცება. ამდენად, ღვთისმშობლის ავტონომიური გამოსახულებები, პირველ რიგში, სწორედაც ქრისტეს გამოსახულებებია.

V საუკუნიდან აღმოსავლეთის ეკლესიაში კონსტანტინოპოლიდან იღებს სათავეს ღვთისმშობლის ავტონომიური გამოსახულების მრავალი ტიპი. ყველაზე ფართოდ Maria Lactans (მეძუძური), ნიკოპეა, ბლაქერნიტისსა, ოდიგიტრია და Eleusa (აღჩვილებული) გავრცელდა. საქართველოში გელათის ღვთისმშობლის ეკლესიის (1126-1130) აფსიდის სახელგანთქმული მონუმენტური მოზაიკა ნიკოპეას (ილ. 6) გამოსახავს. ღვთისმშობლის ავტონომიურ ხატებათაგანია მარიამის გამოსახულება (XV საუკუნე) ალავერდის წმ. გიორგის ტაძრის აფსიდში. მარიამის მუდმივი ატრიბუტებია თავსაფარი და მხრებზე მოხვეული მოსასხამი (ე.წ. მაფორიუმი),

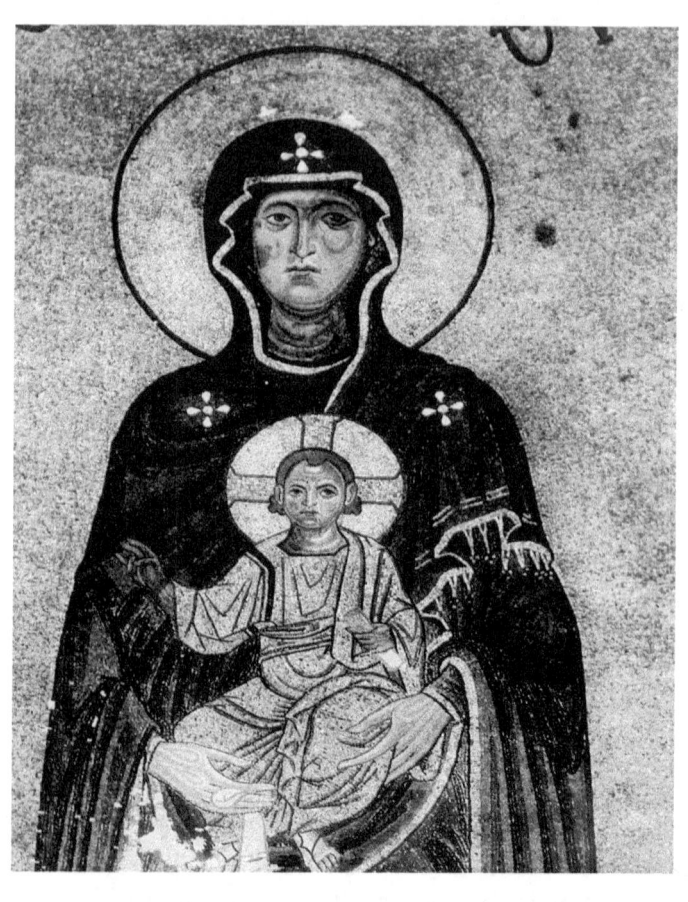

ილ.6: საქართველო, გელათის მონასტერი, ღვთისმშობლის ეკლესია, აფსიდა, ღვთისმშობლის (ნიკოპეა) მოზაიკური გამოსახულება, 1125-1130

მასზე გამოსახული ვარსკვლავებითა და ოქრის ოლვილით.

აღმოსავლეთის ეკლესიაში მარიამის გამოსახულებები საკრალურად ამაღლებულია, ჟესტები და მიმიკა მკაცრად განწესებული. მარიამის გამოსახულება ქრისტეს გარეშე არ არსებობს. ყრმა ყოველთვის შემოსილია. მთავარი, სათაყვანებელი - ქრისტეა. მხოლოდ გამონაკლის შემთხვევებში თუ აუთვისებია, ისიც მოდიფიცირებული სახით, ეს მკაცრი ხატება კათოლიკურ დასავლეთს - ასეთებია ტიპი მფარველი მანდილის გარდამფენი ღვთისმშობლისა ან კიდევ "შავი მადონა". თუმცა მარიამის გამოსახულების აღმოსავლეთის ეკლესიისთვის დამახასიათებელი საზრისისეული შინაარსი დასავლეთისთვის უცხო რჩება. გავლენა ფორმალური მიბაძვით შემოიფარგლება.

აღმოსავლეთის ეკლესიაში ხატებისადმი დამოკიდებულების თავისებურება არის რწმენა, რომ საღვთო მოვლენა აწმყოში ხდება, ამდენად, ავთენტურიცაა. ამით აიხსნება რწმენა, რომ ხატი ქმედითუნარიანია. ამის ყველაზე ცნობილი მაგალითია ვლადიმირის ღვთისმშობლის ხატი, რომელიც ბიზანტიის იმპერატორისგან საჩუქრად ერგო რუსეთს და რომელსაც XIV საუკუნეში მოსკოვის

მონღოლთაგან ხსნა მიეწერება. ღვთისმშობლის ხატის ავთენტურობის დასაბუთებას გვთავაზობს ლეგენდა, რომლის თანახმად, მახარებელმა ლუკამ ღვთისმშობლის სიცოცხლეშივე საკუთარი ხელით შექმნა მისი სამი ხატი. მარიამის ხატის იკონოგრაფია საუკუნეების მანძილზე არ შეცვლილა, ახალი, უჩვეულო მონაფიქრები არავისთვის ჩანს სასურველი. ამ ფენომენს ქრისტეს შობის გამოსახულებებშიც შევხვდებით.

ბიბლიური ისტორიის გამოსახვისასაც ასევე აშკარად ჩანს, ერთი მხრივ, კათოლიკურ, ხოლო მეორე მხრივ, აღმოსავლეთის ეკლესიის ნააზრის არაერთი სხვაობა. ქრისტეს შობის ქართული და სომხური გამოსახულებების რამდენიმე მაგალითი ნათელჰყოფს, რომ ამ თემასთან მიმართებითაც არსებითი განსხვავებები არსებობს. აღმოსავლეთის ეკლესიაში წმინდა ხატებანი ჟანრულად არასდროსაა ინტერპრეტირებული. ბიბლიური სცენის ასახვა, მართალია, არ არის აღმოსავლეთის ეკლესიაში შემოქმედებითი ინტერესის მთავარი საგანი, მაგრამ მასალის სიუხვე საქართველოსა და სომხეთში საფუძვლიანი ანალიზის შესაძლებლობას

იძლევა. ამ გამოსახულებათა შინაარსის წყაროს წარმოადგენს, ახალი აღთქმის გარდა, უწინარეს ყოვლისა აპოკრიფები, იაკობის პირველსახარება, მოციქულთა ცხოვრება და ლეგენდები. ამ წყაროებიდან მომდინარეობს ბაგასთან მყოფი ხარი და ვირი, თუ ყრმის განბანვა.

საქართველოში შემონახულია ნაკლებად ცნობილი ჭედური ხატი (დაახლ. 1100 წ.) მოწამეთიდან (ილ. 7), დღეს ქუთაისის მუზეუმში დაცული. მოწამეთის ხატი ქრისტეს შობის გამოსახულებით, მოოქროვილი ვერცხლისაა. თითქმის კვადრატული ფორმის ეს ნამუშევარი იკონოგრაფიული თვალსაზრისით, შუა ბიზანტიურ გამოსახულებებს მისდევს - მსგავსს თუნდაც პალერმოში ვხვდებით. ხატი სამ ნაწილად იყოფა. ზედა ნაწილში მზის კოსმიური სიმბოლოს აქეთ-იქით ორ-ორ ანგელოზს ვხედავთ. ცენტრალური ნაწილი მოიცავს ბაგას ყრმითურთ, ხარისა და ვირის თავებს, ბეთლემის ვარსკვლავს, ღვთისმშობლის გაზრდილ ფიგურას, მელოგინის სარეცელს, განბანის სცენასა და სამ მოგვს. ხატის ეს ნაწილი ორნამენტებით გაფორმებული რკალით გამოეყოფა ცის ამსახველ სეგმენტს.

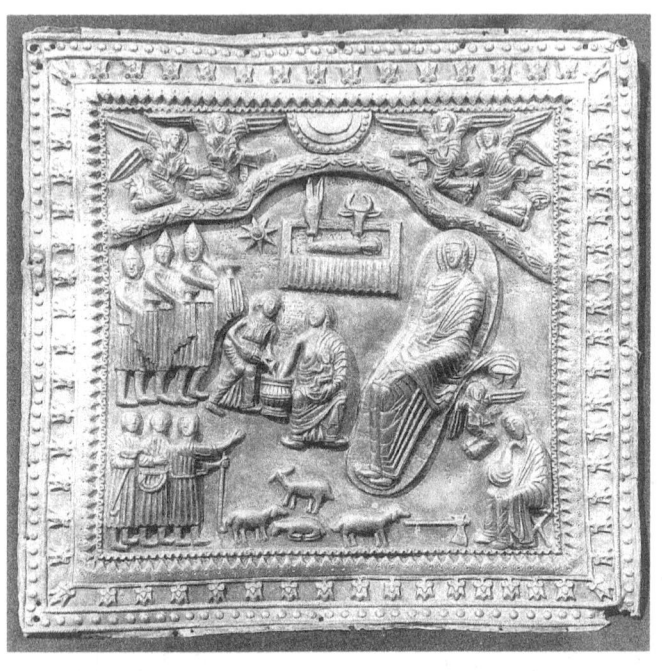

ილ.7: საქართველო, ქუთაისის მუზეუმი, ჭედური ხატი მოწამეთიდან, ქრისტეს შობა, 1100 წ.

როგორც ჩანს, რკალი მის ქვემოთ მდებარე მღვიმის ზედა საზღვრად უნდა მივიღოთ. გამოსახულების ქვედა ნაწილში, მარცხნივ, ვხედავთ სამ მწყემსს, სიმეტრიულად განთავსებულ ოთხ ცხვარსა და იოსების ცულს, ხოლო მარჯვენა კუთხეში თვით ყრმის მამობილია. შესადარებლად მოვიტანთ 1150

წლის მოზაიკურ ხატს პალერმოს მარტორანას ეკლესიიდან (ილ. 8).

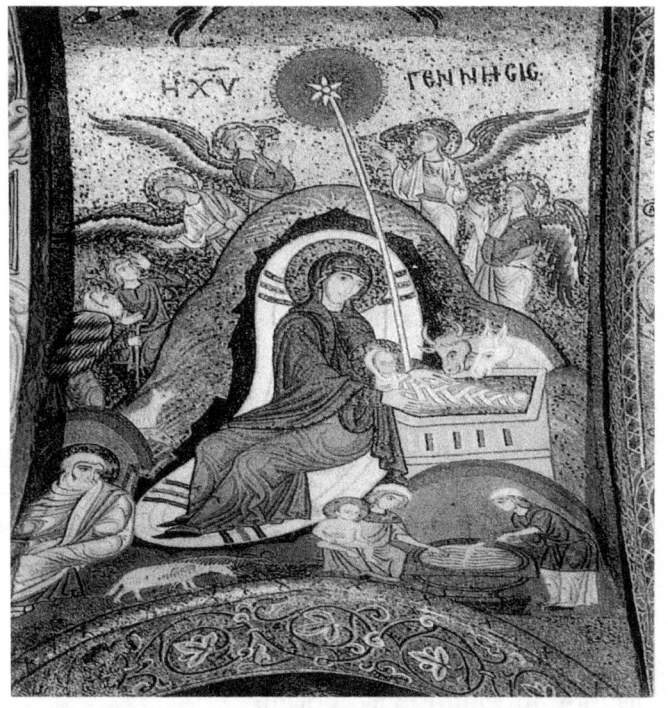

ილ.8: სიცილია, პალერმო, ეკლესია Chiesa della Martorana, მოზაიკური ხატი, ქრისტეს შობა, დაახლ. 1150 წ.

აქაც ფიგურების ასეთივე ნაკრებია. კიდის რკალისებრი კიდე შეესაბამება რკალს ქართულ ჭედურ ხატზე. ამით მღვიმე უფრო

თვალშისაცემი ხდება. ბიზანტიის იმპერატორ იუსტინიანეს მიერ VI საუკუნეში დაფუძნებული სინის წმინდა ეკატერინეს მონასტრის XIII საუკუნის ხატი იკონოგრაფიით ქუთაისის და პალერმოს ნიმუშებს ეპასუხება. შობის გამოსახულება ბიზანტიასა და, ზოგადად, აღმოსავლეთის ეკლესიაში მრავალშრიანი სიმბოლიკით არის გამსჭვალული. ბეთლემის ვარსკვლავი ნათლის სიმბოლიკას იტევს, რომელიც ქრისტეს შობის საიდუმლოს მზის წელიწადისა და კოსმიური მოვლენების წიაღში მოაქცევს. კლდის ფონი არის მითითება ღვთისმშობელზე, რომელიც საგალობლებში განუკვეთელ მთად მოიხსენიება. ხარი და ვირი წმინდა მამების, ნეტარი ავგუსტინესა და გრიგოლ ღვთისმეტყველის განმარტებით, იუდაიზმისა და წარმართობის სიმბოლოებია. ცხოველები პირველად II საუკუნეში, იაკობის პირველსახარებასა და მათეს ფსევდოსახარებაში მოიხსენიება. მიმობნეული მცენარეები, სინას ხატზეც და მოგვიანებით სომხურ წიგნის მხატვრობაშიც, ქრისტეს შობის შედეგად კვლავ კარგაღებულ სამოთხეს მიგვანიშნებს. ყრმის პირველად დაბანა, ბებიაქალისა და სალომეს

თანდასწრებით, მითითებაა ღვთის ძის უბიწო ჩასახვაზე, რაშიც სალომემ თავდაპირველად ეჭვი შეიტანა და იმავდროულად ქრისტეს ნათლისღების მითითებაა. გამოქვაბული უკავშირდება ღვთისმშობლის ქალწულობის საიდუმლოს, ისევე როგორც მაცხოვრის მოვლინებით სიკვდილის ჩრდილქვეშ მყოფი კაცობრიობის ხნელი გამოქვაბულიდან გამოყვანას. ეს რთული, მდიდარი კონტექსტის მომცველი ქვეშრე ბიზანტიური წარმომავლობისაა. სიმბოლიკის, გამოსახულებათა სიღრმისეული მნიშვნელობის გასააზრებლად საფუძველს საშობაო ლიტურგია, სახოტბო გალობა, წმინდა მამათა ტექსტები ქმნის.

ამდენად, შობის გამოსახულების ძირითადი აგებულება წინასწარ მკაცრად არის განსაზღვრული. იმის გამო, რომ ხატი შუა საუკუნეების აღმოსავლური ეკლესიის რწმენით, ანალოგიურად ასახავს წმინდა მოვლენას, ზუსტად განსაზღვრული იკონოგრაფიიდან გადახვევა პირველსახის გაყალბებად ითვლება. ეს კი, ბუნებრივია, მკაცრად ზღუდავს ხატმწერთა შემოქმედებით ფანტაზიასა და სპონტანურობას. ამიტომ

დოგმის მიდევნება ფორმათა სტერეოტიპულ გამეორებას ბადებს.

ამ გარემოებას თვალსაჩინოდ დაგვანახებს შუა საუკუნეების სვანური კედლის მხატვრობა, რომელიც 1997 წელს აქეთ გაიწმინდა ქართველ რესტავრატორთა ჯგუფის მიერ მერაბ ბუჩუკურის ხელმძღვანელობით. მოხატულობანი, როგორც წესი, მოიცავს შობის ხატს, თუმცა ხშირად ის მხოლოდ ფრაგმენტების სახით არის შემორჩენილი. იმის გამო, რომ მოხატულობანი, ნაწილობრივ, ცუდ მდგომარეობაშია და ამიტომაც ძნელად ამოსაცნობი (ეს ეხება, უწინარეს ყოვლისა, შობის გამოსახულებებს, რომლებიც მეორე რეგისტრზეა განთავსებული), ჯერ ხელთ არა გვაქვს სასურველი ხარისხის ფოტომასალა. აღწერა შესაძლებელი იყო მხოლოდ იმ ჩანახატების საფუძველზე, რომლებიც რესტავრატორებმა ადგილზე შეასრულეს.

შობის უადრესი გამოსახულება სვანეთში იფხის ეკლესიის X საუკუნის მოხატულობაშია შემორჩენილი. ამ თემაზე შესრულებული ერთ-ერთი მშვენიერი ნამუშევარი (1112) უკავშირდება ცნობილი მხატვრის, თევდორეს სახელს. ქრისტეს შობის ეს გამოსახულება

იფრარის ეკლესიაშია დაცული. როგორც მოწამეთას, XI საუკუნით დათარიღებული ჭედური ხატის შემთხვევაში, კედლის მხატვრობის ეს ნიმუშიც სამი ზონისგან შედგება. ზემოთ ექვსი მფრინვალი ანგელოზია. შუა ნაწილს სამი მოგვი, ღვთისმშობელი, ყრმა (იგი ნაშენ ბაგაში წევს), აგრეთვე ხარი და ვირი ინაწილებენ. გამოსახულების ქვედა ნაწილი იოსებს, მწყემსებსა და ცხვარს ეთმობა. მინიშნებულია კედე და გამოქვაბულიც.

ქრისტეს შობის სვანურ გამოსახულებათა უმრავლესობა XII საუკუნისაა. კვირიკეს ეკლესიაში (ლაგურკა, XI საუკუნე), სოფ. ხეს წმ. ბარბარეს ეკლესიაში (XIII საუკუნე), ადიშის მთავარანგელოზის ეკლესიაში (XII საუკუნე), ლაღამისა (XII და XIV საუკუნეები) და თანღილის (XIII საუკუნე) ეკლესიებში ქრისტეს შობის გამომსახველ მოხატულობათა ცალკეული მოტივები, ჩვეულებრივ, სამ ზონადაა განაწილებული. მცირე განსხვავებები მხოლოდ ელემენტების შერჩევაში შეინიშნება. საკმაოდ მნიშვნელოვან სიახლეს ვხედავთ ქრისტეს შობის გამოსახულებაზე იელის ეკლესიაში

(დაგურკა). კომპოზიცია ზედმიწევნით თაღოვან არესაა მორგებული. ღვთისმშობლის ხელი ნაზად ეხება ყრმის თავს მაშინ, როცა ღვთისმშობლის მზერა, ჩვეულებრივ, იოსებისაკენ არის მიმართული.

იმის გამო, რომ ჩვენი სიუჟეტი XVII საუკუნის მოხატულობაშიც გვხვდება გელათის მონასტრის (ილ.9) ღვთისმშობლის ეკლესიის ჩრდილოეთ სამლოცველოს აღმოსავლეთ კედელზე, ყურადღებას მასზე გავამახვილებ, რადგან სტილის ცვლილებების მიუხედავად, იგი იკონოგრაფიის უცვალებლობას ცხადჰყოფს. იოსების გვერდით მდგომი ბეწვისმოსასხამიანი ფიგურის გარდა, ყველაფერი ისეთივეა, როგორც ადრეულ გამოსახულებებში. საინტერესოა, რომ საკმაოდ მსგავსი გამოსახულება სტამბულის XVII საუკუნით დათარიღებულ მენოლოგიუმში გვხვდება: დინამიკურად ზეაწვდილი კლდე, გამოქვაბული, რომელშიც იმყოფებიან მარიამი, ყრმა, ხარი და ვირი, სამი მოგვი (ამჯერად ამხედრებული) და, ნახატის ქვემო კიდეში, იოსები და ზემოხსენებული უჩვეულო ფიგურა ბეწვის მოსასხამით, რომელსაც წინასწარმეტყველად მიიჩნევენ.

შუა საუკუნეების ქართულ ხელოვნებაში სვანეთის მთიან რეგიონს განსაკუთრებული ადგილი ეკუთვნის. ბიბლიური ისტორიის

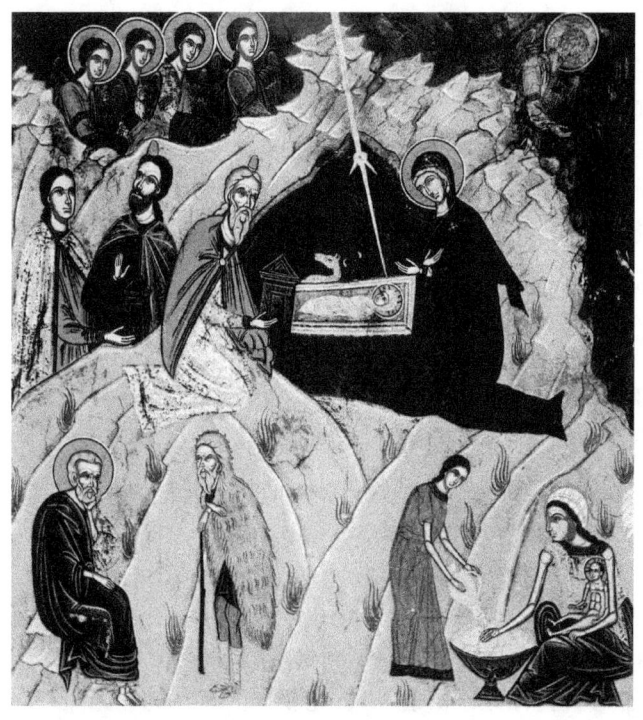

ილ.9: საქართველო, გელათის მონასტერი, ღვთისმშობლის ეკლესია, ჩრდილოეთი სამლოცველო, კედლის მხატვრობა, ქრისტეს შობა, XVII ს.

ამსახველი მრავალი ციკლი, რომლებიც მომცრო ეკლესიათა მოხატულობებში გვხვდება, ამ

გამოსახულებებისადმი დიდ ინტერესს მოწმობს. სვანეთში შემონახული მასალის სიმდიდრე, რომელიც გულდასმით ჩატარებულმა კვლევამ და რესტავრაციამ ისევ ხელმისაწვდომი გახადა, იმაზე მეტყველებს, რომ სვანეთი შუა საუკუნეების ხელოვნების ნამდვილი საგანძური იყო.

იმედია, სარესტავრაციო სამუშაოების ამსახველი ვრცელი მასალა მალე იხილავს დღის სინათლეს სათანადო პუბლიკაციის სახით და საერთაშორისო ყურადღებას მიიპყრობს.

სომხეთში ქრისტეს შობის თემა, უმთავრესად, წიგნის მხატვრობაში გვხვდება. დაახლოებით 600 წლით თარიღდება საინტერესო ფურცელი ეჩმიაძინის სახარებიდან (ილ.10) ცენტრში ღვთისმშობლის ხატისებრი გამოსახულებით. სამი მოგვი ყრმას ძღვენს მიართმევს. მოგვიანებით შობის ერთ სცენასაც ვერ ვნახავთ, სამი მოგვი რომ არ იყოს გამოსახული. ღვთისმშობელი ბიზანტიის სამეფო გვარის ასულივით, მეწამული სამოსით დაბრძანებულა ქნარისებრ საყდარზე. ამგვარი საყდარი მარტოოდენ ქრისტეს შეეფერება. ამ გამოსახულების ძირითადი შინაარსი, აღმოსავლეთის ეკლესიის გაგებისებრ, არის

ქრისტე. მისკენ არის მიმართული სცენის მნახველის თაყვანისცემა. ქრისტე

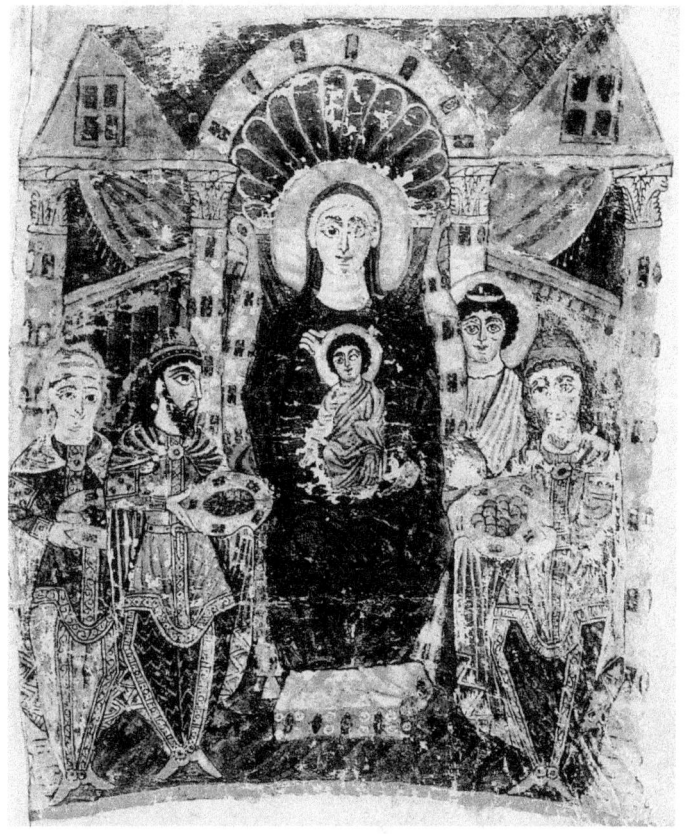

ილ.10: სომხეთი, ერევანი, მატენადარანი, ეჩმიაძინის სახარება, მოგვთა თაყვანისცემა, დაახლ. 600 წ.

მარადმყოფადაა გაგებული, შობის, სიცოცხლისა და სიკვდილის მიღმა. მოგვების სამოსი და ფეხების განლაგება აღმოსავლურ გავლენას ამჟღავნებს.

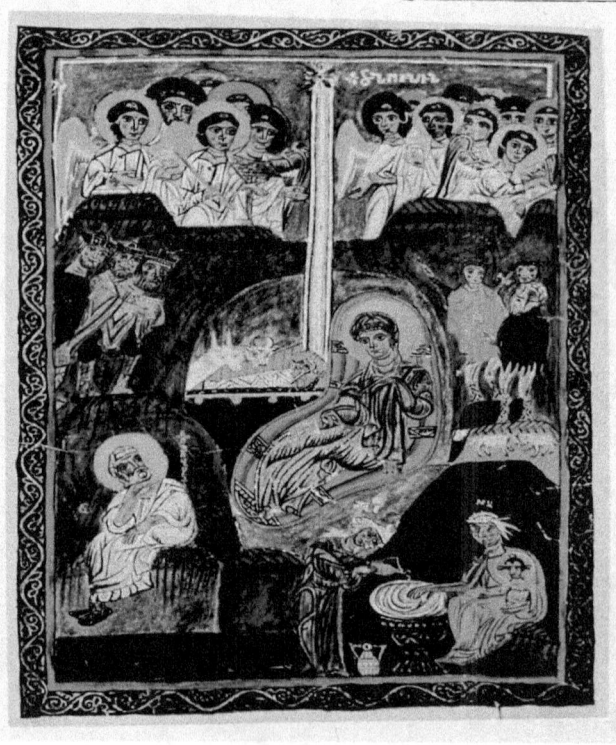

ილ. 11: სომხეთი, ერევანი, მატენადარანი, მუღნის სახარება, ქრისტეს შობა, XI ს.

XI საუკუნიდან სომხური წიგნის მხატვრობაში საკმაოდ ხშირად ვხვდებით ქრისტეს შობის თემას. XI საუკუნის ერთ-ერთი ნიმუში მუღნის ოთხთავში მოიპოვება (ილ. 11). შინაარსი აქ უკვე სრულადაა გამოკვეთილი. ზედა ნაწილი ანგელოზებს მიეჩინება, მათ ქვემოთ მოჰყვებიან: მარცხნივ სამი მოგვი, მარჯვნივ - ხარება მწყემსებს, შუაში კი, კლდოვან გამოქვაბულში მყოფი, მელოგინის სარეცელზე მწოლიარე მარიამია, ხოლო სახვევებით შეგრაგნილ ყრმას ღვთაებრივი ნათლის სხივი ადგას, იქვე კი ხარი და ვირი დგანან. სურათის ქვემო კიდეზე, მარცხნივ, იოსებს ვხედავთ, ხოლო მარჯვნივ ორ ქალს, რომელნიც ყრმას საბანელს უმზადებენ.

თანადროული კათოლიკური გამოსახულება რაიხენაუს სკოლისა, XI საუკუნის პირველი ნახევრის მინდენის გულანში მოიპოვება (ილ.12). ეს გამოსახულებაც სამ ზონად არის დაყოფილი. ზედა ნაწილში ვხედავთ ანგელოზებს, შუაში მარიამს, იოსებს, ყრმას ბაგაში და თავის ფარეხში დაბმულ ხარსა და ვირს. ქვედა ნაწილი, ნიადაგის გამომსახველი, მიწიერ სფეროსაა მიკუთვნებული.

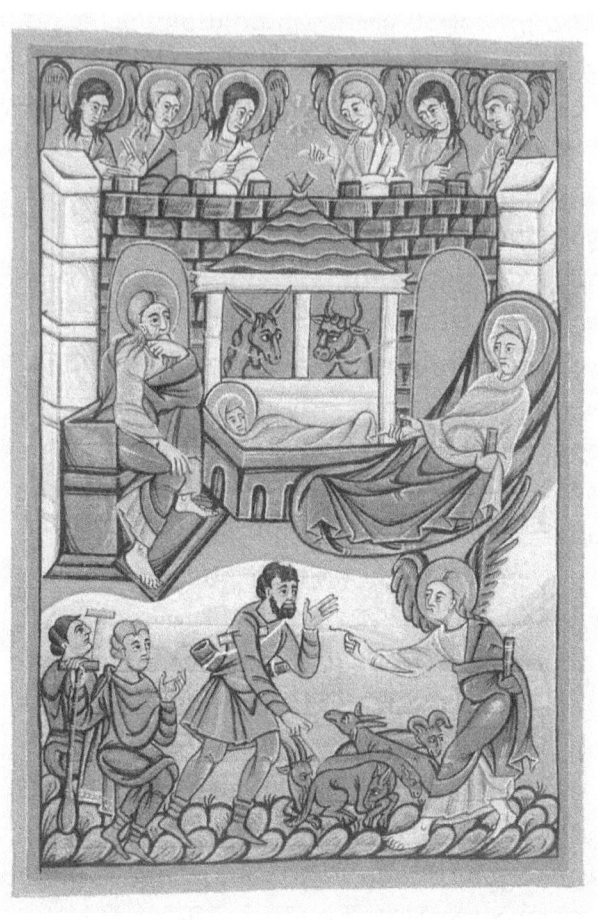

ილ.12: ბერლინი, სახელმწიფო ბიბლიოთეკა, მინდენის გულანი, ქრისტეს შობა, XI ს. I ნახევარი

დედამიწაზე ანგელოზი დაშვებულა, რათა მწყემსებს ქრისტეს შობა აუწყოს. აღმოსავლეთის ეკლესიაში შობის გამოსახულებებისგან არსებით განმასხვავებელთაგანია: იოსების თანასწორუფლებიან ფიგურად გაგება - ზომით ის მარიამს უტოლდება და მის გვერდით დგას - ასევე, ბოსელი შობის გამოქვაბულის ნაცვლად. სურათის შუა ნაწილი შემოსაზღვრულია სიმეტრიულად განლაგებული არქიტექტურით - ორი კოშკითა და ორი მრგვალთაღიანი გასასვლელით. ამგვარად, ბიბლიური სცენა შუა საუკუნეების ქალაქშია გადანაცვლებული. მკაფიოდ იკვეთება ქრისტეს შობის მიწიერ-ადამიანურ სფეროში გადატანის მოთხოვნილება. უჩვეულოა მხოლოდ მარიამის გამოსახვა სარეცელზე, რაც ბიზანტიურ გავლენაზე მიუთითებს. სპილოს ძვლის მომცრო ფირფიტაზეც (1150-1170) (ილ.13) კიოლნიდან, ქრისტეს შობის სცენა გალავანშემორტყმულ ქალაქშია მოქცეული. ამ შემთხვევაშიც, იოსებს დედისა და ჩვილის თანასწორი ადგილი უჭირავს. სომხურ წიგნის მხატვრობაში სათაყვანო მხოლოდ ღვთისმშობელი და ყრმაა.

იოსებს ადგილი სურათის ქვედა კიდესთან აქვს მიჩენილი.

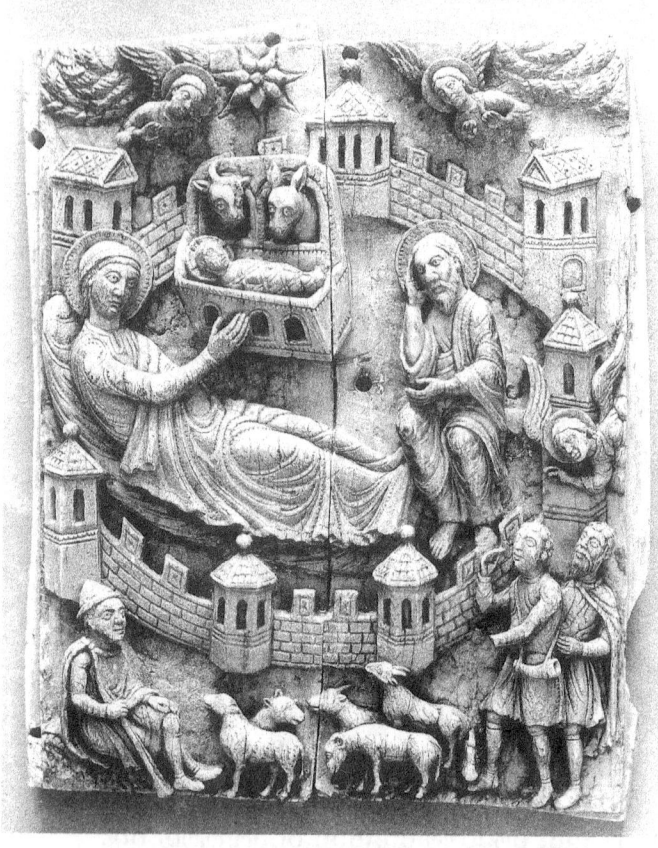

ილ.13: კიოლნი, შნიუტგენის მუზეუმი, სპილოს ძვლის ფირფიტა. ქრისტეს შობა, დაახლ. 1150-1170

სარეცელზე გამოსახული მარიამი კი, პირუკუ, აღმოსავლეთის ეკლესიის გავლენას ამჟღავნებს. ბაგა-საკურთხეველი - ორ თაღს ქვემოთ ხარითა და ვირით, რომის ადრექრისტიანულ ტრადიციებს აგრძელებს, ისევე როგორც ქალაქ ბეთლემის ასახვა, თუმცა კი შუა საუკუნეების გერმანულ ქალაქს მოგვაგონებს. დასავლეთისა და აღმოსავლეთის ეკლესიების მოტივთა ასე შერწყმა იშვიათობა როდია შუა საუკუნეების ევროპულ გამოყენებით ხელოვნებაში.

შობის სცენები XIII საუკუნის სომხურ ხელნაწერებშიც არის შემონახული. ამ პერიოდის რომანულ დასავლეთში უპირატესობა ენიჭება მარიამის გვირგვინის კურთხევის თემას, რომელიც მხოლოდ კათოლიკურ ქვეყნებში ჰპოვებს გავრცელებას.

მალათიის სახარება 1268 წელს შეიქმნა (ილ.14). ქრისტეს შობის ფერადოვანი მინიატურის ავტორი თოროს როსლინია - უმაგალითო პიროვნება, რადგანაც მისი შექმნილი ფიგურებიც ინდივიდუალური ხასიათით წარმოგვიდგებიან. მაგალითად, მოგვები სამი სხვადასხვა ასაკისანი არიან, მათ შორის ყმაწვილიც არის და ხანდაზმული

მამაკაციც. იოსების სახეც ინდივიდუალური ნაკვთებით გამოირჩევა.

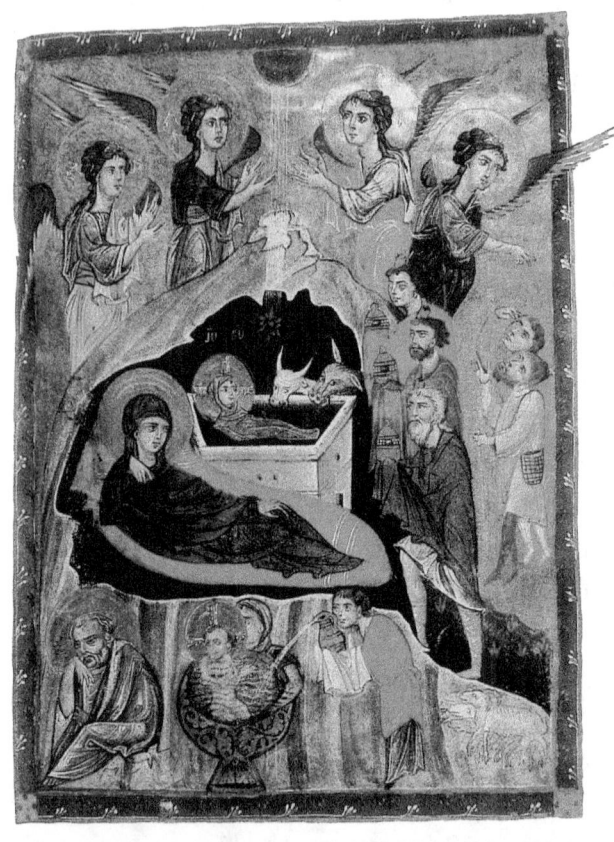

ილ.14: სომხეთი, ერევანი,მატენადარანი, მალათიის სახარება, ქრისტეს შობა, მხატვარი თოროს როსლინი, 1268

ამიტომ მეცნიერებაში თოროს როსლინს ადრეულ იტალიურ რენესანსს აკავშირებენ. ასეა თუ ისე, მისი სტილი, სადაც თხრობითობაა მოჭარბებული, სცდება იმ იერატიულ გამოსახულებებს, სადაც მოქმედი პირები უფრო ნიშნებია, ვიდრე ცოცხალი არსებები.

თოროს როსლინი ფერებსაც სახვით საშუალებად იყენებს. შავი გამოქვაბულის წინ ღვთისმშობელი ხასხასა წითელ სარეცელზე წევს.

იმავე პერიოდში შექმნილ მეფისწულ ვასაკის ოთხთავში შობის სცენის მსგავს აგებას ვხვდებით, ოღონდ პირქუში ფერები და მომცრო, ერთმანეთში გადახლართული ფორმები გამოსახულებას უჩვეულო ხასიათს ანიჭებს.

1314 წელს შობის გამოსახულება მხატვარმა ავაგმა შექმნა (ილ.15), რომელიც დიდი სომხეთის, კილიკიის მრავალ სკრიპტორიუმში, ასევე სპარსეთში მოღვაწეობდა. მისი წვრილ-წვრილად დანაწევრებული, გადაჭრელებული სურათი სიცოცხლის ხალისს აფრქვევს. ყრმას ვარსკვლავთა სხივები ეფინება. უჩვეულო მთა-გორებში მოქცეული გამოქვაბული მეწამული ფერისაა. წინა პლანზე ჭრელი ყვავილებით

მოფენილი მდელო გადაშლილა, რომელიც სამოთხის ბაღს უნდა გვახსენებდეს.

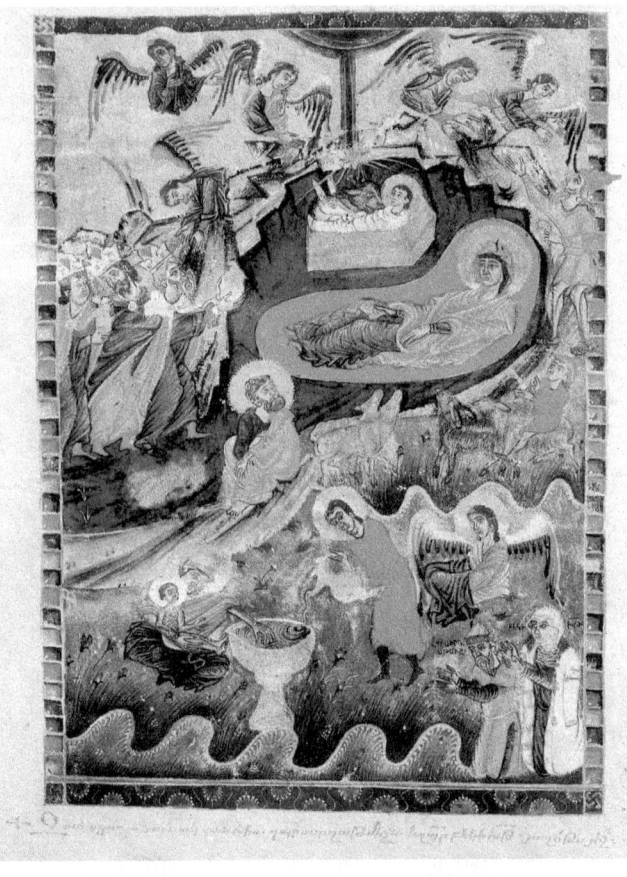

ილ.15: სომხეთი, ერევანი, მატენადარანი,ავაგის ბიბლია, ქრისტეს შობა, 1314 წ.

ერთი მწყემსთაგანი ცხვარზე შემომჯდარა და სალამურს უკრავს. ყრმის დაბანვაში ანგელოზიც მონაწილეობს - მას ხელში გასამშრალებელი უჭირავს. სურათის მარჯვენა ქვემო კიდეზე მოკრძალებულად მოუყრიათ მუხლი ქტიტორ ცოლ-ქმარს. მთელი სურათი მაცხოველებელი გულუბრყვილობითაა გამსჭვალული და მოტივებისადმი თავისუფალ მოპყრობაზე მეტყველებს.

ქრისტეს შობის ავაგის ნახელავი მეორე გამოსახულება (ილ.16) ზეაწვდილ კლდეს წარმოგვისახავს, რომელიც ჩანჩქერს მოგაგონებს. თავისი ძლიერი დინამიკით ის სურათის ზედა კიდესაც კი არღვევს. გულს გიჩუყებთ ღვთისმშობლის დანახვა - ის ნატვრას წაუღია და მოღლილს, ხელები მუხლებზე ჩამოუდვია. ოქროსფერი ფონი მთელ ამ სცენას მიწიერ სამყაროს განაშორებს. სრულიად განსხვავებულია 1319-20 წლებში ვასპურაკანის პროვინციაში შექმნილი ოთხთავის გამოსახულება. მის გადამწერ-მომხატველად ვინმე ვარდანი სახელდება (ილ.17). სტილი, რომელიც აღმოსავლურ გავლენას ამჟღავნებს და რედუცირებული

ფერადოვნება წარმოქმნის სათქმელით
დამუხტულ, ჯადოსნურ-უცხო გამოსახულებას.

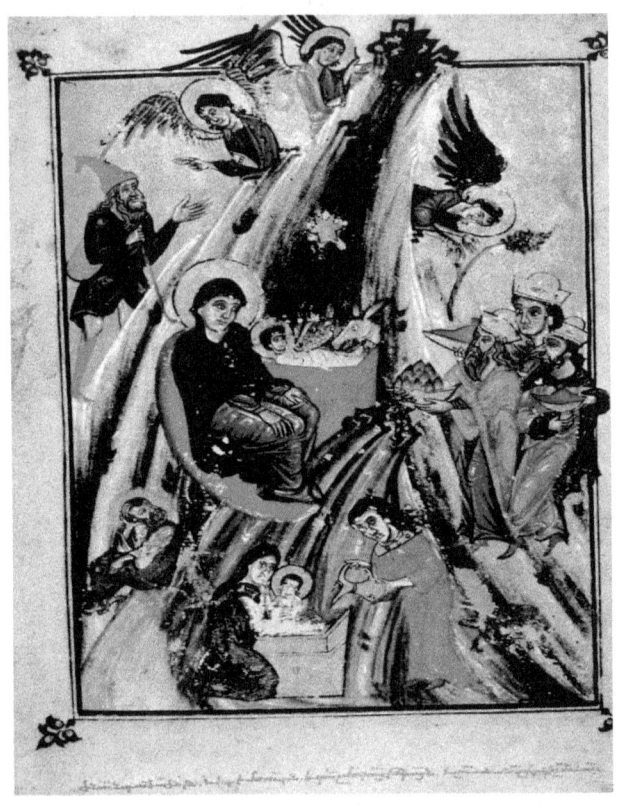

ილ.16: ისრაელი, იერუსალიმი, სომხური საპატრიარქო,
ავაგის ბიბლია, ქრისტეს შობა,
XIV ს. I ნახევარი

მხატვარი მთავარი პერსონაჟებით იფარგლება, თავს არიდებს კომპოზიციის რაიმენაირ გადატვირთვას. ერთადერთი დამატებითი სცენა სამი მოგვის თაყვანისცემაა. გამოყენებული საშუალებათა სიმწირის მიუხედავად, გამოსახულება თითქმის მაგიურ ზემოქმედებას ახდენს.

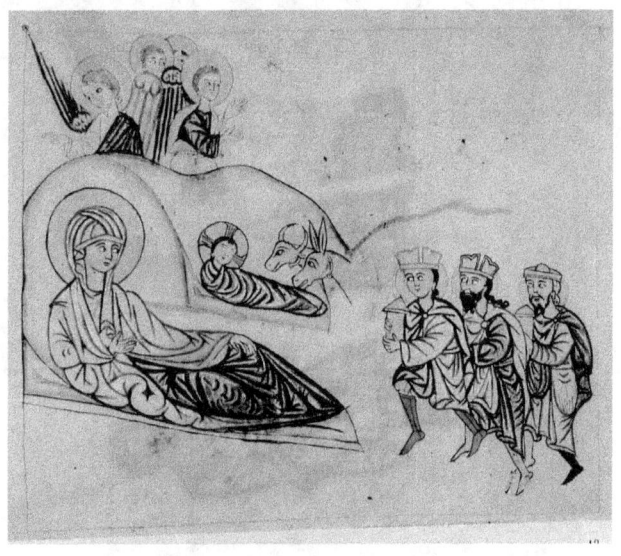

ილ.17: სომხეთი, ერევანი, მატენადარანი, ვარდანის ოთხთავი, მოგვთა თაყვანისცემა, 1319/20

1346 წლით თარიღდება სარქის პიდზაკის შესრულებული შობის გამოსახულება დედოფალ მარიუნის ოთხთავში (ილ.18). მთავარი

სტილისტური მახასიათებელი გამოსახულების დეკორატიული ინტერპრეტაციაა. ყოველ თავისუფალ ადგილს ორნამენტი ავსებს.

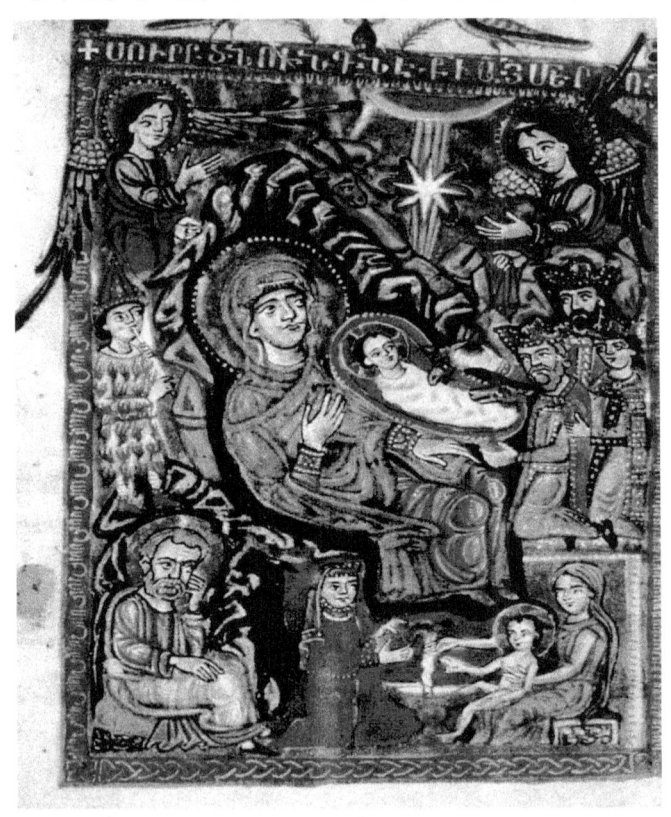

ილ.**18:** სომხეთი, ერევანი, მატენადარანი, დედოფალ მარიუნის ოთხთავი, მხატვარი სარქის პიდზაკი, ქრისტეს შობა, **1346**

სურათის თავისუფალი სიბრტყის რიდს ჩვენ ვუწოდებთ Horror vacui - ეს ნიშანი დროთა განმავლობაში სულ უფრო გაძლიერდება სომხურ წიგნის მხატვრობაში.

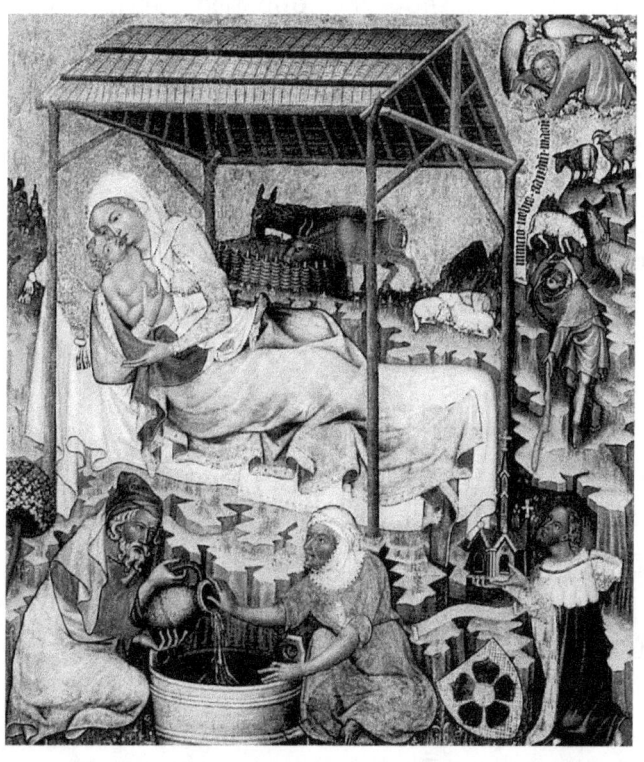

ილ.19: ჩეხეთი, პრაღის ეროვნული გალერეა, ჰოენფურთის ოსტატი, ქრისტეს შობა, დაახლ. 1350

იმავე პერიოდში, 1350 წელს, ბოჰემიაში, ჰოენფურთის ოსტატი შობის სრულიად განსხვავებული ხასიათის გამოსახულებას ქმნის (ილ.19). ტრადიციული ოქროსფერი ფონის მიუხედავად, სცენა თითქმის რომ ჰაერითაა სავსე. შუა ადგილას ფარდულია. პერსონაჟების პლასტიკურობა და ინდივიდუალობა, სტილის ელეგანტურობა ჩრდილოეთ იტალიურ კონცეფციებს მოგვაგონებს. შიშველი ყრმა დედის მკლავზე გაწოლილა, მისი მოსასხამის კიდეღა ფარავს ყრმის ფეხებს. ასეთი გამოსახულება შუა საუკუნეებისთვის დიდ იშვიათობას წარმოადგენს მთელს აღმოსავლურ ეკლესიაში. იოსები საბანელისთვის წყლის მომზადებაში ეშველება. იდილიურობა მიწიერების გამომკვეთია. მეორე მხრივ, თუ კარგად დააკვირდები ჰოენფურთის ნახატს, შეინიშნება მზა სასცენო დეკორაციებივით ერთმანეთზე მიწყობილი კლდეების უცნაური, სტერეოტიპული ფორმები. ისინი ბიზანტიურ გავლენას ამჟღავნებს.

XV საუკუნის სხვა გერმანულ გამოსახულებებში იოსები ცეცხლს ანთებს, ან კიდევ შეჭამადს ამზადებს. აღმოსავლეთის ეკლესიაში შობის ხატის ზუსტად

განსაზღვრული სიმბოლიკა წინააღმდეგ ამისა, გამორიცხავს გამოსახულების ასე თავისუფლად გამონაკვთას.

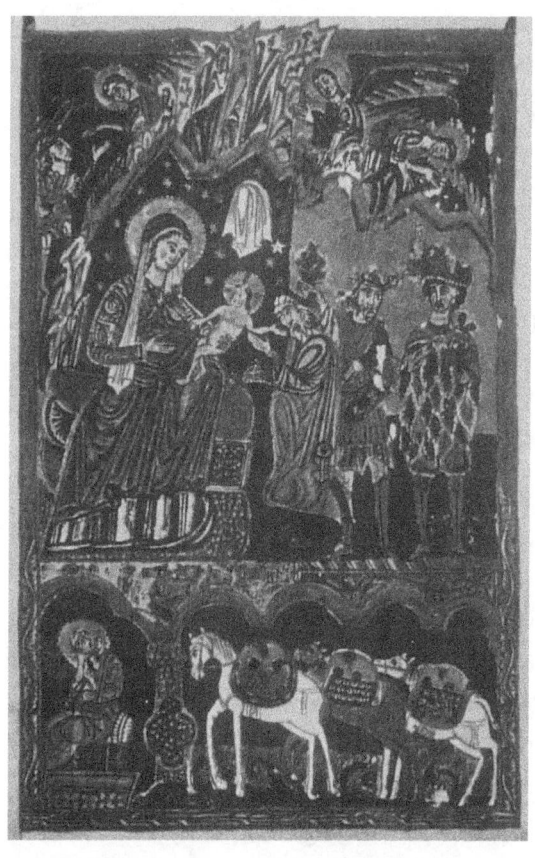

ილ. 20: სომხეთი, ერევანი, მატენადარანი, ბიბლიის დასურათებული საკითხავი, მოგვთა თაყვანსცემა, დაახლ. 1460

დავუბრუნდეთ სომხურ წიგნის მხატვრობას. XV საუკუნეში იქმნება თვალისთვის მომხიბვლელი გამოსახულება, შინაარსის თავისუფალი თარგმანებით უჩვეულო. ბიბლიის დასურათებულ საკითხავებში, რომელიც დაახლ. 1460 წლით (ილ.20) თარიღდება, არის სურათი, რომელიც, მართალია, ინარჩუნებს ტრადიციულ დაყოფას სამ ნაწილად, მაგრამ ქვედა ნაწილს ჩვეული პირობითობით როდი გადმოგვცემს. ფიქრებში წასული იოსების გვერდით, სივრცითად მისგან გამოყოფილი, მოგვების სამი ცხენია. ეს ვერსია მართლაც რომ უმაგალითოა. სიახლე ამით არ ამოიწურება: ცენტრში, ტახტზე ღვთისმშობელია დაბრძანებული, ხელში შიშველი ყრმით. ჩემთვის აღმოსავლეთ საქრისტიანოში სხვა ასეთი გამოსახულება ცნობილი არ არის. ასეთი თავისუფლების ახსნა მხოლოდ დამკვეთის ვინაობით - ის, სავარაუდოდ, სასულიერო პირი არ ყოფილა - ანდა ხელოვანის პიროვნებით შეიძლება.

ზოგადად, სომხურ წიგნის მხატვრობაში შობის გამოსახულებები ღვთიურის განკაცების საიდუმლოსადმი დიდი მოკრძალებით გამოხატავს სიხარულს იესოს

მოვლინების გამო. სომხური წიგნის მხატვრობის ერთ-ერთი არსებითი ნიშანი ფერის ძლიერი გამომსახველობაა. ფერთა აღმოსავლური შეგრძნება ერწყმის ვიზუალური აღქმის ბიზანტიურ ჩვევებს და გამოსახულებებს ზღაპრულ მშვენიერებას ანიჭებს. მშვინვიერი სიხალისით ისინი მეტად ძვირფასია და თან თვითმყოფადი. ისინი შუა საუკუნეების ქრისტიანული სამყაროს კულტურული მემკვიდრეობის უმშვენიერეს ნაწილს მიეკუთვნება.

ლიტერატურა

ედიტ ნოიბაუერი: Die Magier, die Tiere und der Mantel Mariens. Über die Bedeutungsgeschichte weihnachtlicher Motive, ფრაიბურგი, 1995.

ჰელმუტ ფიშერი: Maria im Verständnis der Kirchen und die Gottesmutterikone, სანქტ პეტერბურგი, 2006.

XIII-XIV საუკუნეების სომხური წიგნის მხატვრობა. მატენადარანი, ერევანი, **1984.**

ედიტ ნოიბაუერი: მოხსენება, წაკითხული ბერლინის ქართული საზოგადოების კრებაზე, **2006** წლის დეკემბერი, ბერლინი.

შუა საუკუნეების ქართული არქიტექტურა და ქანდაკება და ევროპის რომანული პერიოდი

საქართველოში ქრისტიანობა სახელმწიფო რელიგიად ჯერ კიდევ 337 წელს გამოცხადდა. ამ მოვლენამ ცხოვრების ყველა სფეროში ძირეული ცვლილებები გამოიწვია. ხელოვნებაში ეს გვიან ანტიკურიდან ადრექრისტიანულ ხელოვნებაზე თანდათანობითი გადასვლით აისახა. ამ პერიოდისათვის არ არსებობდა ქანდაკებით მორთული ქრისტიანული ტაძრის რაიმე სანიმუშო ძეგლი, რომლისთვისაც შეეძლოთ მიებაძათ. IV-VII საუკუნეებში, ქართულ ხელოვნების პირველი აღმავლობის ხანაში, ქართველ ხუროთმოძღვართა შემოქმედებითი ნიჭის წყალობით ბაზილიკისა და გუმბათოვანი ტაძრის მრავალი სახესხვაობა შეიქმნა. ადგილი ჰქონდა რელიეფური ქანდაკების პირველი ნიმუშების შექმნის მცდელობასაც. ამავდროულად, რადიკალური რელიგიური ცვლილებების ამ პერიოდმა დასაბამი მისცა ადრექრისტიანული ეკლესიის ფასადთან დაკავშირებული ქვაზე კვეთილი და გაფერადებული რელიეფების

გაჩენას. ეჭვგარეშეა, რომ, რომ ამ მიმართულებით მნიშვნელოვანი როლი ითამაშა ქვის რელიეფების ანტიკურმა მემკვიდრეობამაც, თუმცა მხოლოდ გარკვეული კუთხით. აქ უკვე ჩნდება სრულიად ახალი - ქრისტიანული იკონოგრაფია.

VI საუკუნის მიწურულსა და VII საუკუნის დასაწყისში ქრისტიანულმა არქიტექტურამ კლასიკურ სრულყოფილებას მიაღწია. (იხ. ილ.3) ამ პერიოდის ყველაზე გამორჩეული ძეგლი 586/87-604/05 წლებში აგებული მცხეთის ჯვარია, გუმბათოვანი ცენტრული ტაძარი, რომელიც მხატვრული სრულყოფილებისა და ჰარმონიის შესანიშნავი ნიმუშია. პირადად ჩემთვის, ყველაზე გასაოცარ ფაქტს წარმოადგენს აღმოსავლეთის წახნაგოვანი აფსიდა, რომლის სამი სარკმლის თავზე დაბალ რელიეფში მოცემულია ქრისტესა და ანგელოზების გამოსახულებები და ქართლის ერისმთავართა სამი პორტრეტი. ამ რელიეფების წყალობით აღმოსავლეთის ფასადი ისეა გაფორმებული, როგორც ტრიპტიქი. ცენტრალურ ფილაზე გამოსახული არიან ქრისტე და სტეფანოზ პირველი (ილ.21). ადრეული პერიოდის

მონუმენტური სკულპტურის მსგავსი ნიმუში ტაძრის ექსტერიერზე არასოდეს მინახავს.

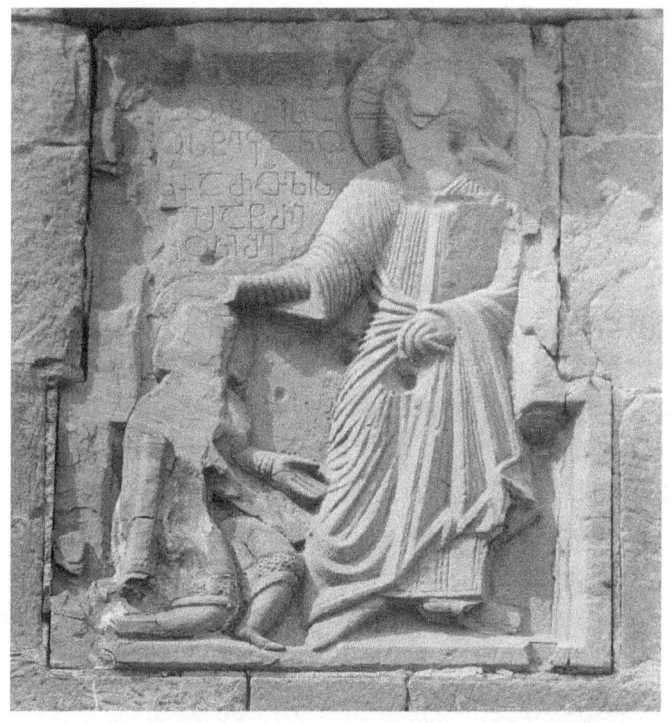

ილ.21: საქართველო, მცხეთა, ჯვრის ეკლესია, აფსიდა, რელიეფის ცენტრალური ფილა, ქრისტე და სტეფანოზ პირველი, დაახლ. 600 წ.

ვიცოდი, რომ საქართველოში ტაძრის არქიტექტურული ნაწილების ორნამენტული რელიეფით მორთვის ტრადიცია უკვე VI

საუკუნიდან არსებობდა, მაგრამ ჯვარში პირველად ვხვდებით იდეოლოგიური პროგრამის არსებობას, ნაცვლად ყოველგვარი კონცეფციის გარეშე წარმოდგენილი, შემთხვევითი გამოსახულებებისა. სკულპტურული გამოსახულება ჩაკვეთილია და არ გამოდის კედლის სიბრტყიდან. წარწერებით შევსებულია ფილის თავისუფალი ადგილები. საღებავის ნაშთები მიუთითებს, რომ თავდაპირველად რელიეფური ქანდაკებები დაფერილი იყო, რისი წყალობითაც ვიზუალური ეფექტი გაცილებით შთამბეჭდავი უნდა ყოფილიყო, ვიდრე დღეს. ხაზობრივი სტილი მათ დეკორატიულ ხასიათს ანიჭებს. მცხეთის ჯვრის რელიეფების ნაგებობის ფასადთან მიმართება შეიძლება განვიხილოთ როგორც სიახლე, პირველი, ფუნდამენტური ნაბიჯი შემდგომი განვითარებისკენ.

დავუბრუნდეთ VII საუკუნეს. ცენტრული ტაძრის მეორე მნიშვნელოვანი ვარიანტია 626-634 წლების წრომის მაცხოვრის ტაძარი, ჯვარ-გუმბათოვანი ნაგებობა ოთხი თავისუფლად მდგომი საყრდენით. მსგავსი სტრუქტურა, ისევე როგორც ჯვრის ტაძრის უნიკალური არქიტექტურა, აქამდე უცნობი იყო ადრეული

ეპოქის აღმოსავლეთ ქრისტიანულ სამყაროსთვის. ეს ორი ღირსშესანიშნავი მიღწევა ბიზანტიისაგან კულტურული და პოლიტიკური დამოუკიდებლობის ერთგავრი დემონსტრირებაა. რაც შეეხება წრომის მაცხოვრის ტაძარს, დასავლეთის პორტალის ტიმპანზე წარმოდგენილია დიდი ლათინური ჯვარი, აღმართული რამდენიმესაფეხურიან კვარცხლბეკზე (crepidoma) (ილ.22).

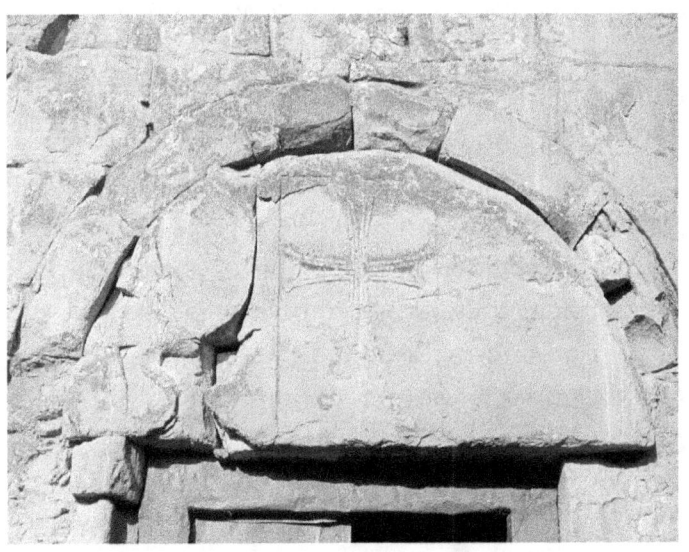

ილ.22: საქართველო, წრომი, მაცხოვრის ეკლესია, დასავლეთის პორტალის ტიმპანი, VII ს.

ამით ქრისტეს ჯვარცმით ცხონებისა და სიკვდილის დათრგუნვის იდეა გამოიხატება. ამდენად, აქ ვხვდებით ქრისტეს, ან ქრისტეს სიმბოლოებსა და ტაძრის შესავლელს შორის არსებული კავშირის პირველ გამოვლინებას, რომელიც შემდგომში ინერგება როგორც აღმოსავლეთში, ისე დასავლეთში. მაცხოვარი თავის თავს უწოდებს "ოსტიუმს" - კარს, რომლის მეშვეობითაც ღმერთს ეზიარები. დასავლეთი პორტალი ასევე მორთული იყო შეწყვილებული სვეტებით, რაც შესასვლელს სადღესასწაულო იერს ანიჭებდა. ეს შეწყვილებული სვეტები ფრაგმენტული სახით ჯერ კიდევ არსებობდა 1963 წელს, როდესაც ტაძარი მოვინახულე.

განსაკუთრებით საინტერესოა აფსიდის მორთულობა. ის გამოყოფილია ორი ღრმა სამკუთხა ნიშით, რომლებიც გარკვეულად აჩარჩოებს ცენტრალურ, ბრტყელ ნიშას. ამ გზით იქმნება სამი თაღით მორთული, კლასიკური ტრიუმფალური თაღის მსგავსი მონუმენტური შესასვლელის შთაბეჭდილება. ბრტყელ ნიშაში გაჭრილია სარკმელი, მის მარცხენა და მარჯვენა მხარეს ფართო, ნატიფად თლილი ორნამენტული წნულია. ღრმა

სამკუთხა ნიშებში შეწყვილებული სვეტებია მოცემული ბაზისებით. კაპიტელების თავზე 1,5 მეტრის სიმაღლის კამაროვანი არეებია. დღეისათვის ისინი ცარიელია, თუმცა თავდაპირველად აქ სავარაუდოდ, მოთავსებული იყო ფიგურული რელიეფები, შესაძლოა ქრისტეს და ეკლესიის დამაარსებლის - ქტიტორის გამოსახულებით, ისევე, როგორც ამას ჯვრის ტაძრის აღმოსავლეთ ფასადზე ვხვდებით. წრომის სკულპტურული მორთულობა შედარებით მარტივია და არ არის ჯვრის ტაძრის რელიეფებივით შთამბეჭდავი, თუმცა, მიუხედავად ამისა, არანაკლებ საინტერესოა. ექსტერიერზე მოცემული რელიეფური ქანდაკების მთლიანობაში, ფართო კონტექსტში განხილვა ცხადყოფს, რომ აქ არაფერია შემთხვევითი. ერთმანეთს ემთხვევა ლიტურგიული და რელიეფური აქცენტები. კონცეფცია - ტრიუმფის თემაა. ვიზუალურად (ხატობრივად) და ხუროთმოძღვრის წარმოსახვაში წრომის მაცხოვრის ტაძრის დასავლეთის კარიბჭე და აფსიდა ერთიანობაში ქმნის დასავლეთ-აღმოსავლეთის ღერძს, რომელიც ქრისტეს უკავშირდება. ქრისტესა და ქრისტეს სიმბოლოების ეს კავშირი

კარიბჭესთან ინოვაციას წარმოადგენს და საუკუნეების მანძილზე რჩება აღმოსავლეთსა და დასავლეთში.

მნიშვნელოვანი სიახლეა რელიეფის გამოყენება ტაძრის პორტალის ტიმპანზეც. ადრექრისტიანულ ქვეყნებში სკულპტურულ ტიმპანს, რომელიც ეკლესიის კარიბჭესთანაა კავშირში, მხოლოდ სომხეთსა და საქართველოში ვხვდებით. სხვა ქრისტიანულ ქვეყნებში მსგავსი მოვლენა არ დასტურდება. პორტალის გადაწყვეტა ძალზე განსხვავებულია. კარიბჭეს, გაფორმებული სარკმლის წირთხლებით და ტიმპანით, ან კარის ღიობით, რომელიც არ გამოდის კედლის სიბრტყიდან მხოლოდ სომხეთში, საქართველოსა და გერმანიაში თუ შეხვდებით. ამ ფორმის პორტალის ტიმპანი ახალი შუასაუკუნეებრივი ქმნილებაა აღნიშნულ ქვეყნებში. მას ვერ შეხვდებით ვერც ბიზანტიაში. ის უცნობია ანტიკური არქიტექტურისათვისაც. ქართული და გერმანული ტიმპანებისა და ტაძრების კარიბჭეების მოჩარჩოებების, პორტალისა და ფასადის პროპორციული ურთიერთშეთანხმების შედარება გასაოცარ მსგავსებას აჩვენებს. ორივე შემთხვევაში პორტალი დაკეტილ

ერთეულს წარმოადგენს. რა არის ეს: პარალელური გადაწყვეტა თუ გამოძახილი?

ქართული და გერმანული შუა საუკუნეების ხელოვნების მსგავსება სპირიტუალური და ფუნქციური, ისევე, როგორც ფორმალური გადაწყვეტის თვალსაზრისით ვახტანგ ბერიძემაც შენიშნა.

1993 წელს მე კვლავ დავუბრუნდი ტაძრის ფასადებთან დაკავშირებული მონუმენტური სკულპტურის თემას. ამ საკითხისათვის დღემდე არავის მიუქცევია ყურადღება. ნათელია ალადაშვილი ამ ტერმინის ქვეშ მოიაზრებდა V-XI საუკუნეების ყველა სახის რელიეფურ ქანდაკებას. აქვე მინდა განვმარტო, რომ ამ ტერმინს ვიყენებ მნიშვნელოვანი რელიგიური და საერო ფიგურების (ქრისტე, ანგელოზები, ქტიტორები და ადგილობრივი ფეოდალები) მასშტაბურ პორტრეტებთან მიმართებაში. მსგავი გამოსახულებები საეკლესიო და საერო ფიგურებისა მხოლოდ რამოდენიმე გამორჩეულ ძეგლზეა შემორჩენილი. მეტი კონკრეტიკისათვის, ამ ტერმინის ქვეშ არ მოვიაზრებ ორნამენტულ მოტივებს, ვაზის ფოთლებსა და ადამიანის მცირე ზომის

ფიგურებს, ისევე, როგორც სვეტების მოჩუქურთმებულ კაპიტელებსა და ბაზისებს, სარკმლის თაღებსა და მსგავს რელიეფურ მორთულობას. ჩემი განსაკუთრებული ინტერესის საგანია ის ფაქტი, რომ ჯვრის ტაძრის ფასადზე ადამიანის მონუმენტური ფიგურის გამოსახვა იყო სენსაციური სიახლე უდიდესი სოციალური განზომილებით. ახალი სტილის გაჩენის მიზეზების კვლევა სათანადოდ არ ჩატარებულა. ამ საკითხზე ექსპერტებს განსხვავებული შეხედულებები აქვთ. ზოგიერთი პირველწყაროს ანტიკურ ხელოვნებაში ეძებს, ზოგიერთი - ურატრუს ხელოვნებაში, სხვანი კი აღმოსავლურ გავლენებზე საუბრობენ. ჯვრის ტაძრის მთავარ ფასადზე ყოველგვარი თხრობითი დეტალების გარეშე, მხოლოდ წარწერების თანხლებით წარმოდგენილი მასშტაბური, განცალკევებული და რეპრეზენტატიული ფიგურები მიუთითებს იმ ფაქტზე, რომ საქართველო ამ ადრეულ ეტაპზე მჭიდროდ იყო დაკავშირებული ანტიკურ და ადრექრისტიანულ ტრადიციებთან. თუმცა, ისიც უნდა აღინიშნოს, რომ იქ (ანტიკურ და ადრექრისტიანულ სამყაროში) ვერ შეხვდებით ტაძრის ფასადის

მონუმენტური ფიგურებით მორთვის ვერც ერთ შემთხვევას. ამ დრომდე ეს მოვლენა უცხო იყო. 600 წლისათვის ჯვრის ტაძრის აღმოსავლეთის ფასადზე ფიგურული რელიეფების გამოსახვა ნოვატორული მოვლენა იყო. განვითარების ეს იმედისმომცემი პროცესი არაბთა 200-წლიანმა მმართველობამ შეაფერხა.

საქართველოსა და სომხეთში ადრეულ X საუკუნეში, ოშკსა და ახტამარში (ილ.23) ვხვდებით უფრო მაღალგანვითარებულ მონუმენტურ რელიეფურ სკულპტურებს. სავარაუდოდ, საქმე გვაქვს ჯვრის რელიეფების გამოძახილთან.

წმინდა ჯვრის ტაძარი ახტამარში (915-921) სახელგანთქმულია თავისი მდიდარი სკულპტურული მორთულობით. თუმცა, ის მნიშვნელოვანად განსხვავდება ჯვრის ტაძრისაგან. აქ აზიდული პროპორციის ფრონტალური ფიგურული რელიეფი პირველად გამოდის კედლის სიბრტყიდან. რელიეფი არ არის ისე ორგანულად შერწყმული კედლის სიბრტყესთან, როგორც მცხეთის ჯვარში. ახტამარის რელიეფურმა სკულპტურამ დიდი როლი ითამაშა შემდგომ განვითარებაში.

განსაკუთრებით მნიშვნელოვანია დასავლეთის ფასადი (ილ.24), რომელზეც წარმოდგენილია

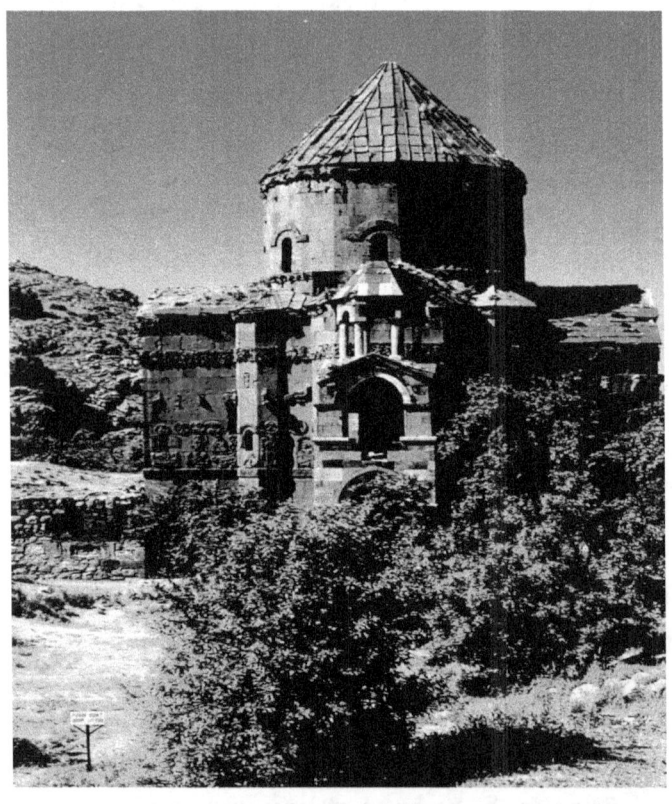

ილ. 23: სომხეთი, ვასპურაკანის ისტორიული პროვინცია,
ამჟამად თურქეთი, ახტამარი,
წმინდა ჯვრის ეკლესია, 915-921

ქრისტესა და მეფე გაგიკის მასშტაბური ფიგურები.

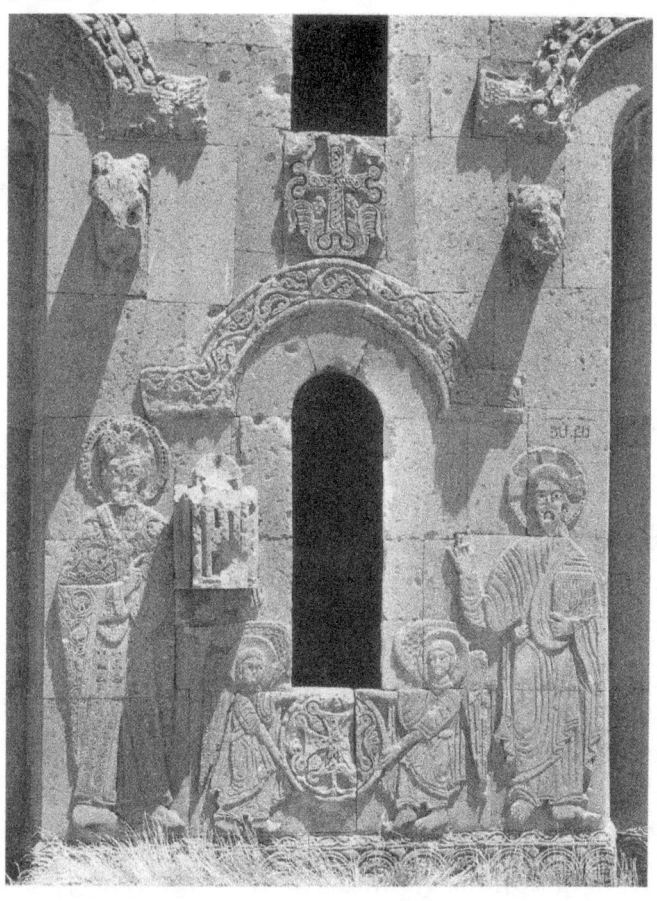

ილ.24: სომხეთი, ისტორიული პროვინცია ვასპურაკანი, ამჟამად თურქეთი, ახტამარი, წმინდა ჯვრის ეკლესია, დასავლეთის ფასადი, 915-921

ამ უკანასკნელს ხელში ტაძრის მოდელი უჭირავს. ორივე ფიგურა დაბალ რელიეფშია შესრულებული. ფიგურათა კონტური სტატიკურია და ყოველგვარი მკვეთრი მოძრაობის გარეშეა წარმოდგენილი. აქ პირველად ვხვდებით ქრისტესა და საერო მმართველის ერთ მასშტაბში გამოსახვას. ეს ვასპურაკანის მეფის გაგიკ არცრუნის მნიშვნელოვნებას უსვამს ხაზს. ხელოვნებათმცოდნეების აზრით, აქ ანტიკურ, ადრექრისტიანულ, ისლამურ და სასანურ გავლენას უნდა ჰქონდეს ადგილი. მკვლევართა უმრავლესობა თანხმდება იმ ფაქტზე, რომ აქ ვერ ვხვდებით ბიზანტიურ გავლენას. ამ საკითხთან დაკავშირებული აზრთა სხვადასხვაობა კიდევ ერთხელ მიუთითებს, რომ მონუმენტური სტილის ფენომენი ჯერ კიდევ არ არის სათანადოდ გამოკვლეული.

ფრიდრიხ ვილჰელმ დაიხმანი (1983) თვლიდა, რომ ახატამარის რელიეფები თავისი მდიდარი ორნამენტული მოტივებით გაფორმებული ფრიზით, რომელზეც ადამიანის ფიგურები და ვაზის ფოთლებია გამოსახული, ბრწყინვალე წინაპირობა იყო რომანული ქანდაკებისთვის. ყველა ქანდაკება ხასიათდება მკვეთრად

გამოვლენილი სენსუალობით. ჩემი აზრით, თხრობით დეტალებს თუ არ ჩავთვლით, დასავლეთის ფასადზე მოცემული ქრისტესა და მეფე გაგიკის ფიგურები ფორმის ერთგვარი "დამცრობის" დემონსტრირებაა. აქ ფორმის ისეთი ცვლილება მოხდა, რომელიც ძალზე შორსაა სენსუალიზმის ანტიკური სტილისგან. ჟული ჯენი 1986 წელს წერდა, რომ ახტამარის ტაძრის იკონოგრაფიული პროგრამა მდიდარმა ხალხურმა წარმოსახვამ წარმოშვა. მაგრამ ჩემი მოსაზრებით, ახტამარის კარის ეკლესიის სკულპტურული დეკორი ღრმად გააზრებული ერთიანი თეოლოგიურ-სიმბოლური პროგრამის მიხედვით არის შექმნილი. მცენარეულ ორნამენტში ჩართულ ფიგურალურ რელიეფებსაც სიმბოლური დატვირთვა აქვთ, რამდენადაც ისინი სულის უკვდავებისა და აღდგომის სიმბოლოებია. ყველა ფიგურას, ისევე როგორც ჯვარში, წარწერები ახლავს.

ახტამარის ტაძარი დიდი ხნის განმავლობაში იყო სახელგანთქმული. ტაძარი წარმოადგენდა ვასპურაკანის მეფე გაგიკის რეზიდენციის კარის ეკლესიას, რომელიც ვანის ტბაში არსებულ კუნძულზე მდებარეობდა.

X საუკუნის II ნახევარში მასშტაბური მონუმენტური სტილის ფიგურები გამოჩნდა ოშკის ტაძარზე, რომელიც ისტორიულ ტაო-კლარჯეთში მდებარეობს. ეს ტერიტორია ძველად საქართველოს ეკუთვნოდა, ამჟამად კი თურქეთის ნაწილია. სავარაუდოდ, ოშკი ტაოს მმართველთა ადმინისტრაციული ცენტრი იყო. დავით III 958-1001 წლებში მეფობდა. ამ აღმავლობის ხანაში ტრიკონქის სახით ახალი არქიტექტურული ტიპი შეიქმნა. ოშკის ტაძრის სამხრეთის ფასადზე ძლიერ გამოქარულ მდგომარეობაში შემორჩენილი, ნატურალურ ზომასთან მიახლოვებული, ხუთი “ხატისებრი” ფიგურაა წარმოდგენილი (ილ.25).

აქ მოცემულია ქრისტეს, ღვთისმშობლის, იოანე ნათლისმცემლის გამოსახულებები და ტაძრის მოდელებით ხელში წარმოდგენილი ორი ქტიტორის ფიგურა. ყოველი მათგანი ერთიან ქვის ფილაზეა გამოქანდაკებული. ქრისტე ცენტრშია მოთავსებული, ღვთისმშობელი - მარჯვნივ, იოანე ნათლისმცემელი კი მარცხნივ არის მოცემული. წმინდანების მსგავსად, კომპოზიციაში ჩართულია იმავე ზომის ორი ქტიტორი - ბაგრატ ერისთავთ-

ერისთავი და დავით მაგისტროსი. ყველა ფიგურას თან ახლავს წარწერა.

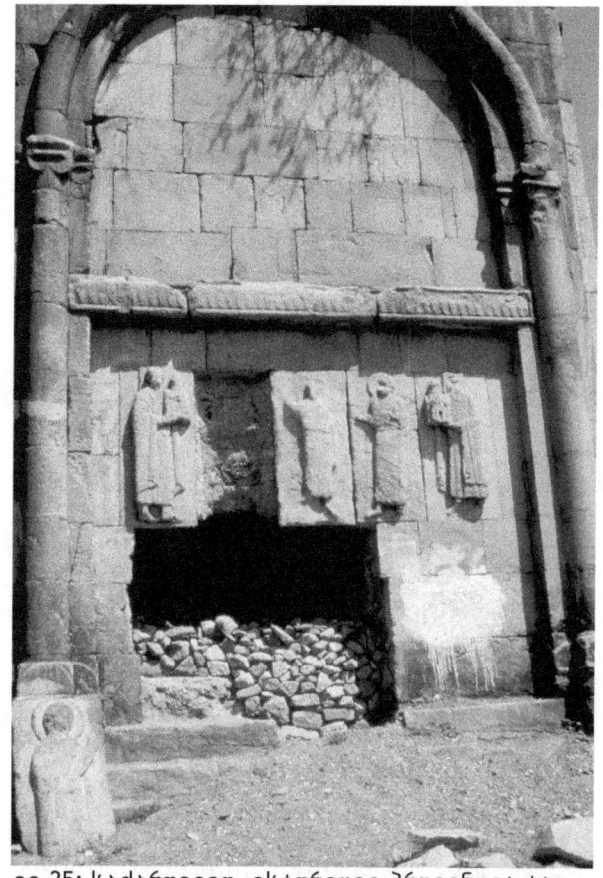

ილ.25: საქართველო, ისტორიული პროვინცია ტაო-კლარჯეთი, ამჟამად თურქეთი, ოშკის ტაძარი, სამხრეთის ფასადი, რელიეფი ხუთი ფიგურით, X ს. შუა პერიოდი.

ოშკის აღნიშნულ ფიგურათა ნატურალური ზომა ახტამარის მეფე გაგიკის პორტრეტს მოგვაგონებს. საერო პირებისა და წმინდანების ერთ მასშტაბში გამოსახვა უნიკალური მოვლენაა შუა საუკუნეების რელიეფურ ქანდაკებაში. ჩემთვის უცნობია სხვა მსგავსი პორტრეტული გამოსახულებების არსებობა, როგორც საქართველოში, ისე გერმანიაში.

მიუხედავად მსგავსი იკონოგრაფიისა, ახტამარისა და ოშკის რელიეფები განსხვავებულია სტილისტური თვალსაზრისით. მკვლევრებმა არაერთხელ აღნიშნეს ოშკის გამოსახულებების კავშირი ვერცხლისა და ოქროს ჭედურ ნიმუშებთან, ასევე ხეზე და სპილოს ძვალში კვეთილ ნაკეთობებთან და სხვა გამოყენებითი ხელოვნების ნიმუშებთან. ჩემი აზრით, მსგავსი მონუმენტური ქანდაკების შესრულებას სჭირდება გამოცდილი ქვითხურო, რომელიც სპეციალურ ხელსაწყოებს იყენებდა და მჭიდროდ იყო დაკავშირებული ხუროთმოძღვრის სამუშაოსთან, ოსტატი, რომელიც მონუმენტური კატეგორიებით აზროვნებდა და რომელიც კარგად იცნობდა თავისი პროფესიის

ტრადიციას. ოშკის შემთხვევაში 1,5 მეტრის სიმაღლის ფიგურები მოგვაგნებს მცხეთის ჯვრისა და ახტამარის გამოსახულებებს, როგორც "ხატისებრი" გადმოცემით, ისე ქტიტორთა განსაკუთრებული პატივით გამოსახვით.

თუკი დავიწყებთ პარალელების ძიებას X-XI საუკუნეებში, ჩვენ მათ ბიზანტიურ ხელოვნებაში (ილ.26) აღმოვაჩენთ, კედლებსა თუ საყრდენებზე წარმოდგენილი ე.წ. "რელიეფური ხატების" სახით. ზოგჯერ ისინი ტაძართა ფასადების მოსართავადაც გამოიყენებოდა. მათი მახასიათებლებია: ორგანზომილებიანი რელიეფი, რომელშიც ფიგურა სიბრტყობრივია, ხოლო თავი - გამოკვეთილად სკულპტურული.

ფიგურათა ანფასი და გვერდითი არეები ნაკლებად აქცენტირებულია. ფიგურის ქვედა ნაწილი, ფეხების ჩათვლით, დაგრძელებულია. ეს ნიშნები საერთოა როგორც ოშკის ფიგურებისათვის, ისე ბიზანტიური ხატებისთვის.

XI საუკუნის განმავლობაში რელიეფური ხატების გამოყენება ისტორიულად დადასტურებულია, თუმცა, სამწუხაროდ,

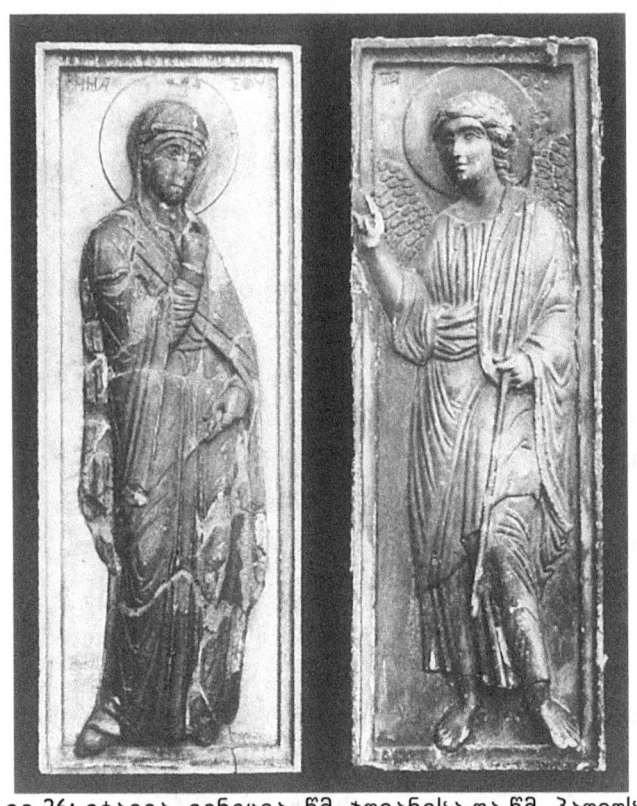

ილ.26: იტალია, ვენეცია, წმ. ჯოვანისა და წმ. პაოლოს ეკლესია, ღვთისმშობლის ხარების რელიეფური გამოსახულება, გვიანი XI ს.

მასალის უდიდესი ნაწილი 1453 წელს, თურქების მიერ კონსტანტინეპოლის აღების შემდეგ დაიკარგა.

ეკლესიის ფასადებთან დაკავშირებულ ადრეულ მონუმენტურ რელიეფურ სკულპტურებს ვხვდებით ადრეული რომანული პერიოდის გერმანიასა და საფრანგეთში. ერთეული ძეგლები შემორჩა ისეთ მნიშვნელოვან ქალაქებში, როგორიც არის რეგენსბურგი და ტულუზა.

რეგენსბურგი გერმანიის ერთ-ერთი უძველესი ქალაქია. წმ. ემერამის მონასტერი აქ არსებული ძლიერი სააბატოს მნიშვნელოვანი საეკლესიო ცენტრი იყო. ის პირდაპირ ექვემდებარებოდა პაპს. სწორედ ეს არის ის ადგილი, სადაც გერმანიაში ეკლესიის არქიტექტურასთან დაკავშირებული მონუმენტური სკულპტურის უძველეს ნიმუშს ვხვდებით.

წმ. ემერამის ბენედიქტინელთა მონასტერი რეგენსბურგში შუა საუკუნეების ევროპის ერთ-ერთი უმნიშვნელოვანესი მონასტერი იყო. მისი XI საუკუნის შუახანებში შექმნილი ორმაგი ნიშებით მორთული პორტალი, მხატვრული პროგრამით გაფორმებული ტაძრის შესასვლელის უძველესი ნიმუშია გერმანიაში. პორტალის მხატვრული პროგრამის

იკონოგრაფია ადგილობრივ წმინდანთა კულტს ეფუძნება.

ტაძრის პორტალი გაფორმებულია დაახლოებით ერთი მეტრის სიმაღლის წმ. ემერამისა და წმ. დიონისეს გამოსახულებებით. ქრისტეს ქვემოთ მოთავსებულია დამაარსებლის - აბატ რეგინვარდის ფიგურა (ილ.27).

ხელოვნებათმცოდნეები ამ გამოსახულებათა ფესვებს სპილოს ძვალში კვეთილ ნაკეთობებსა და ოქრომჭედლობის ნიმუშებში ეძებდნენ. ძნელი წარმოსადგენია, რომ ქრისტეს აღნიშნული მონუმენტური ფიგურის შექმნა აღმოსავლეთში ადრექრისტიანული ტაძრების მონუმენტურ სტილთან გაცნობის გარეშე მომხდარიყო. ქრისტეს, ორი წმინდანისა და ქტიტორის ერთად გამოსახვა ტაძრის პორტალზე აღმოსავლეთ ქრისტიანულ სამყაროში არსებულ ტრადიციას უნდა მისდევდეს.

ამჯერად გადავინაცვლოთ საფრანგეთში. ტულუზა საფრანგეთის ერთ-ერთი უძველესი ქალაქია. წმ. სერნინის კათედრალი დასავლეთის სამყაროს ერთ-ერთი ყველაზე პოპულარული პილიგრიმული ცენტრი იყო. სანტიაგო დე კომპოსტელასკენ - წმ. იაკობის

საფლავისკენ მიმავალი გზა ტულუზაზე გადიოდა.

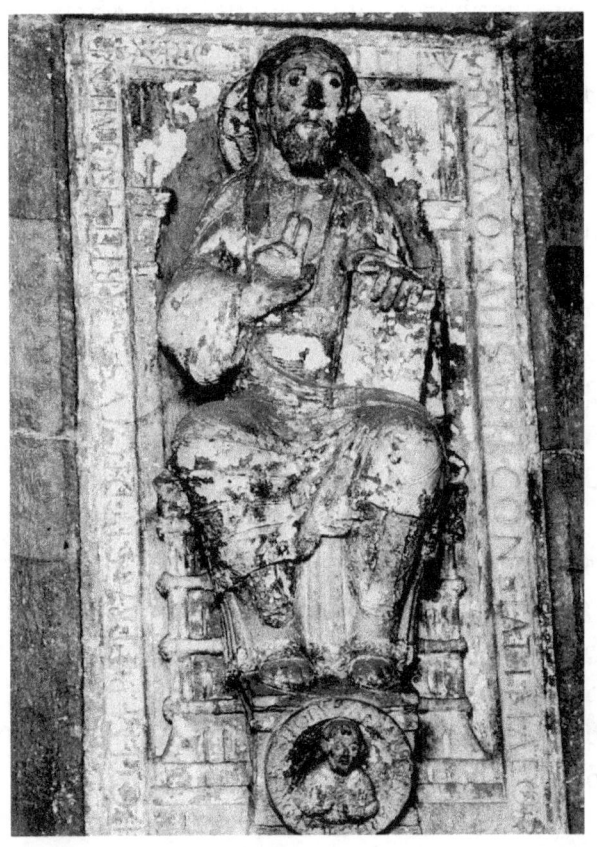

ილ.27: გერმანია, რეგენსბურგი, წმ. ემერამის ეკლესია, პორტალი ორმაგი ნიშებით, ქრისტეს რელიეფი, XI ს. შუა პერიოდი

შორეული ქვეყნებიდან მომავალი მომლოცველები სანტიაგო დე კომპოსტელასკენ სწორედ ტულუზას გავლით მიემართებოდნენ.

აქ, წმ. სერნინის კათედრალში ჩვენ ვხვდებით არქიტექტურასთან დაკავშირებული რომანული მონუმენტური სკულპტურის პირველ ნიმუშს საფრანგეთში. გარშემოსავლელის სახელგანთქმული სკულპტურები XI საუკუნის ბოლო პერიოდით თარიღდება (ილ.28). ისინი ქვაზე კვეთის ამ მნიშვნელოვანი ადგილობრივი სკოლის უადრეს ნიმუშებს წარმოადგენს. ჩვენამდე შემორჩა გარშემოსავლელის შვიდი მონუმენტური მარმარილოს ქანდაკება, რომელთაგან ყოველი ცალკეული ფიგურა ქვის ერთიან ბლოკშია გამოქანდაკებული.

სავარაუდოდ, აღნიშნული ფიგურები თავდაპირველად აფსიდში, ან შესასვლელში უნდა ყოფილიყო მოთავსებული. ქრისტეს შთამბეჭდავი, დიდებული ფიგურა ფლანკირებულია ორი ანგელოზის, ქერუბიმის, სერაფიმის და ორი მოციქულის გამოსახულებით. ხელოვნებათმცოდნეები თვლიან, რომ გამოსახულებები შექმნილია მათი თანამედროვე სპილოს ძვლის

ნაკეთობებისა და ოქრომჭედლობის ნიმუშების, ზოგიერთის აზრით, მინიატურების გავლენითაც კი.

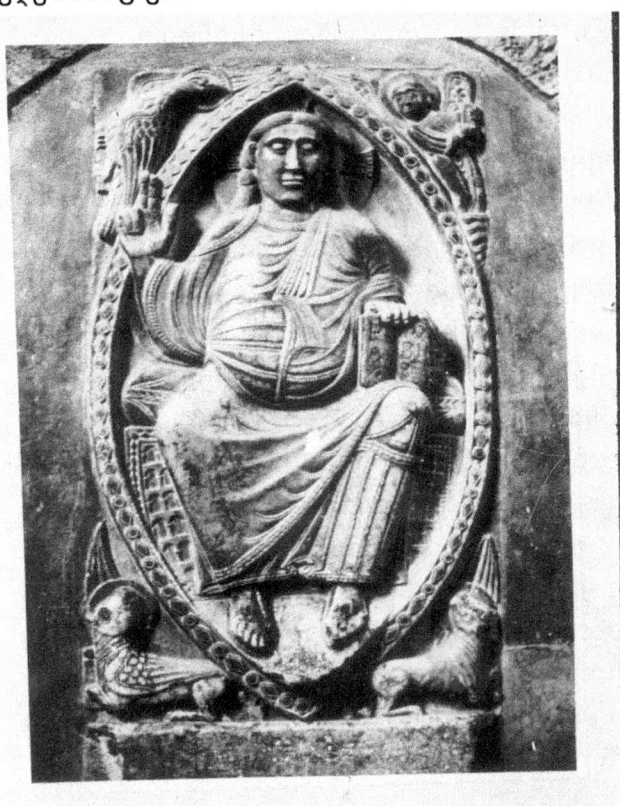

ილ.28: საფრანგეთი, ტულუზა, წმ. სერნინის კათედრალის გარშემოსავლელის სკულპტურა, ქრისტე მახარობელთა სიმბოლოებით, XI ს. მიწურული

ჩემი აზრით, ამ გამოსახულებათა ფესვების გამოყენებითი ხელოვნების ნიმუშებში ძიება ამ საკითხის ძალზე ვიწრო კუთხით განხილვაა. 1981 წელს ვილიბალდ ზაუერლენდერი ამ გამოსახულებებს ხსნიდა, როგორც ერთგვარ საწყის ეტაპს შუა საუკუნეების კულტურის ამქვეყნიური, მიწიერი ხასიათის გამოსახულებებისკენ შემობრუნებისა, მაგრამ მკვლევრის მსჯელობა არ სცდება ვიწრო რეგიონალურ ფარგლებს. ბევრი რამ იცვლება ქრისტიანული სამყაროს სხვა ქვეყნებთან კავშირის განხილვისას.

1987 წელს ჰელგა მობიუსი წერდა, რომ წმ. სერნინის კათედრალის მონუმენტური სკულპტურის აღნიშნული ნიმუშები ყოველგვარი წინაპირობის გარეშე შეიქმნა.

აქამდე არავის მოსვლია აზრად ამ გამოსახულებათა აღმოსავლეთ ქრისტიანული ქვეყნების რელიეფურ სკულპტურასთან დაკავშირება. რატომ არ არის დასაშვები, რომ კვლევა ამ მიმართულებით წარიმართოს? მითუმეტეს, რომ საუბარი უკვე შეეხო ტულუზაზე გამავალ პილიგრიმულ გზას. XI საუკუნეში იწყება ჯვაროსნების მოძრაობაც და სავსებით შესაძლებელია, რომ მათი

პირველი ნაკადის ნაწილი წმინდა მიწისკენ კონსტანტინეპოლის გავლით იმისათვის გაიგზავნა, რომ ცენტრალური ევროპის მმართველთათვის ცნობები მოეგროვებინათ და ჩამოეტანათ.

ამ კონტექსტში განხილვისას, რეგენსბურგის წმ. ემერამის მონასტრისა და ტულუზის წმ. სერნინის კათედრალის გარშემოსავლელის ქანდაკებები აღარ ჩანს როგორც იზოლირებული მოვლენა, არამედ აღიქმება როგორც გავლენათა ნაყოფიერი ათვისების ლოგიკური პროცესის ნაწილი. და მაინც, კვლავ ისმის იგივე კითხვა - რა არის ეს: პარალელური გადაწყვეტა, თუ გამოძახილი? ეს ორი, ერთმანეთის საპირისპირო მოსაზრებაა, რომელთა შორისაც არჩევანი უნდა გავაკეთოთ. ტულუზის წმ. სერნინის კათედრალის გარშემოსავლელის რელიეფურ სკულპტურებში მოულოდნელი ინტერესი ადგილობრივი ანტიკური წყაროებისადმი იმ დროისათვის ჩვეულ მოვლენად შეიძლება მივიჩნიოთ, მაგრამ ფაქტია, რომ სულიერების გამომხატველი სპირიტუალური ხელოვნებით ანტიკური სენსუალიზმის ჩანაცვლების საყოველთაო პროცესი მიმდინარეობდა როგორც

ყოფილი რომის იმპერიის აღმოსავლეთ საზღვრებთან მდებარე ორივე ქვეყანაში - საქართველოსა და სომხეთში, ისე ცენტრალურ ევროპაში. სტილისტურად ცენტრალური ევროპისა და აღმოსავლეთ ქრისტიანული სამყაროს ხელოვნების ფენომენი საკმაოდ განსხვავებულია. ფართო კონტექსტში თუ შევხედავთ, მათ მხოლოდ ერთეული ელემენტები აქვთ საერთო. ევროპაში რომანული სტილი არ წარმოადგენს ერთიან მოვლენას, რამდენადაც მასში გაერთიანებულია სხვადასხვა ქვეყნების - იტალიის, ესპანეთის, საფრანგეთისა და გერმანიის რეგიონალური ფორმები. საერთო ანტიკური ფესვებისა და ადგილობრივად სახეცვლილი ფორმის გარდა, დასავლეთსა და აღმოსავლეთს შორის კონტაქტისა და მხატვრული იდეების გაცვლა-გამოცვლის სხვა საშუალებებიც უნდა ყოფილიყო. იდეათა გავრცელების ასეთი გზები იყო აღმოსავლეთსა და დასავლეთს შორის არსებული სავაჭრო ურთიერთობები, აღნიშნული პილიგრიმული მიმართულებები და ჯვაროსანთა მოძრაობა, საეკლესიო კრებები, რელიქვიათა თაყვანისცემა, დინასტიური კავშირები, ომები, მეზღვაურობა, ემიგრანტთა უწყვეტი

ნაკადი - ყველა ეს ფაქტორი ხელს უწყობდა შორეული ქვეყნებიდან სხვადასხვა ხალხების შეკრებასა და ურთიერთობას და მოქმედებდა როგორც ერთგვარი კატალიზატორი. რა თქმა უნდა, ყოველივე ზემოაღნიშნულს აკლია დოკუმენტურად დამტკიცებული მასალა, მაგრამ ხელოვნების ნაწარმოებები თავად იძლევა ამ ფაქტების დასტურს.

ლიტერატურა

Н. А. Аладашвили, Монументальная Скульптура Грузии, Москва, 1977

Beridse, W., Neubauer, E..: Die Baukunst des Mittelalters in Georgien. Berlin, Wien, München 1981, 251 S.

Deichmann, F. W., „Sirarpie Der Nersessian – Aght`amar: Church of the Holy Cross" (Rezension), Byzantinische Zeitschrift, 61, 1966, S. 102-4; Deichmann, F. W., „Zur Bedeutung der Aussenarchitektur im Transkaukasischen Kirchenbau", IV. Internationales Symposium zur Georgischen Kunst, Tbilisi, 1983, S. 6-7 (Analyse der Westfassade der Kirche des Hl. Kreuzes in Achtamar).

Djobadse, W., „The donor reliefs and the date of the church at Oški", Byzantinische Zeitschrift, 69, 1976, S.41.

Lange, R., Die byzantinische Reliefikone, Recklinghausen, 1964, S.51, 54-55, Abb. 5 u. 8.

Lorenz, G., Das Doppelnischenportal von St. Emmeram in Regensburg, Frankfurt, 1984; Ausstellungskatalog Ratisbona

Sacra. Das Bistum Regensburg im Mittelalter. Ausstellung anlässlich des 1250jährigen Jubiläums der kanonischen Errichtung des Bistums Regensburg durch Bonifatius 739-1989. Diozesanmuseum Obermünster Regensburg, Emmeramsplatz 1, 2. Juni bis 1. Oktober 1989, Zürich, 1989, S. 25.

Neubauer, E.:Untersuchungen zur deutschen und georgischen Portalarchitektur des Mittelalters. II. Internationales Symposium zur georgischen Kunst 24.-31.5.1977. Sonderdrucke in russisch und deutsch.

Neubauer, E., Badstübner, E.: Architektur und Bauplastik der Erlöserkirche in Zromi – Versuch einer kunstgeschichtlichen Einordnung. In: Georgica 13´14, 1990-91, S. 115 -125

Sauerländer,W., Hearn, M.F.:Romanesque sculpture (Rezension). The Art Bulletin, Oxford, 1981 (1984), S. 520

მოხსენება, წაკითხული ვახტანგ ბერიძის სახელობის ქართული ხელოვნების საერთაშორისო სიმპოზიუმზე "ქართული ხელოვნება ევროპისა და აზიის კულტურათა კონტექსტში", 2008 წლის 21-29 ივნისი, თბილისი.

www.ingramcontent.com/pod-product-compliance
Lightning Source LLC
Chambersburg PA
CBHW070259230526
45470CB00002B/645
* 9 7 8 3 8 3 9 1 3 4 4 7 4 *